요즘
여자

# 요즘
# 여자

여자의 물건이
의미하는
것들에 관해

도
현
영

버튼북스

매순간 빛나는 삶을 위해

일하고 사랑하며

요즘을 살아내는 그녀들에게

contents

# 1

## 나와의 대면을
## 두려워하지 말 것

# 2

## 자신만의 취향을
## 발견하고
## 가꾸어나갈 것

# 3

## 상처를
## 두려워하지 말고
## 받아들일 것

# 4

## 성공의 꿈을
## 절대
## 놓아버리지 말 것

# 5

## 지금 이 순간,
## 진심을 다해
## 아끼고 사랑할 것

# PROLOGUE

　중학생 시절부터 오랜 습관이 있다. 잠들기 전 책가방을 싸서 문 앞에 두는 학생처럼 내일 내 몸에 걸칠 모든 것과 화장대 위 나에게 필요한 것을 각 맞추어 정갈하게 줄지어 두는 것이다. 이런 나의 오랜 습관을 아는 이들은 내가 꽤나 정리를 잘 하는 사람이라고 생각한다. 하지만, 그렇지 않다.

　그저 내일 만날 사람, 함께할 공간, 해야 할 일과 행동에 따라 입을 옷과 갖고 나갈 가방, 책과 자료를 준비하는 것이 하나의 즐거움이 된 것이다. 옷장, 화장대, 책상에서 내가 원하는 물건을 찾다 보면 나란 사람의 책의 페이지를 넘기는 듯하다.

　처음 화장이라는 것을 배우고 떨리는 손으로 마스카라를 발랐을 때 눈이 간지러워 비비지도 못하고 애를 먹었던 어설픈 화장이 떠오르고, 아르바이트로 했던 과외의 첫 월급을 받자마자 백화점으로 달려갔지만 매장 앞을 계속 서성이며 고민하다가 결국 큰 맘 먹고 그토록 사고 싶었던 실크 블라우스를 샀던 기억도 스친다. 첫 면접을 앞두고 거울 앞에서 재킷의 뒷모습을 거울

에 비춰보고 섰을 때, 그 뒤로 보이는 엄마의 긴장한 표정도 아
련하다.

나만의 라벨을 만들어 물건에 달아주는 것처럼 정갈하게 개
어 옷장 속에 차곡차곡 쌓는 기분으로 글을 쓰면서 행복했다.

살면서 떠오르는 질문에 빨리 답을 찾지 못할 때면 혼자 답
답해하기도, 친구를 붙잡고 토로하기도, 의심하고 망설이기도 했
지만 누구나 같은 고민과 질문을 안고 살아가고 있다는 사실은
위로와 용기가 되었다.

나는 글을 쓰고 질문을 하는 사람이 되기를 꿈꾼다. 당신이
너무나 바빠서, 현실에 닥친 일들만으로도 버거워서 당신의 소
중한 순간들을 미처 알아채지 못할 때, 아주 잠깐만 멈춰보라고,
당신의 물건들이 담아냈던 당신은 이미 충분히 아름답다고, 그
러니 이제는 한숨 돌려도 괜찮다고 이야기하고 싶었다.

나에게, 당신에게, 요즘 여자에게.

# 1

나와의 대면을
두려워하지 말 것

WHITE SHIRTS
MIRROR
MASCARA
PEARL NECKLACE
DIFFUSER
TRUNK
SOCKS
BIKINY
SLEEPING EYE SHADES
BLUE JEANS

# WHITE SHIRTS

화이트 셔츠

옷장 안의 옷을 무더기로 쏟아낸다. 창문을 활짝 연다. 옷가지들을 헤친다. 많기도 많다. 몇 벌의 옷이 있냐고 묻는다면 대답하기 어렵다. 입을 옷이 많아서 더 이상 필요 없냐고, 사지 않아도 되냐고 묻는다면 더욱 곤란하다. 한 번도 입지 않은 옷도 꽤 있다. 언젠가는 입을 거란 생각에 지갑을 열었던 옷들이다. 단지 그런 날이 아직 안 왔을 뿐이다.

자, 정리를 해보자. 서랍 위 옷들이 쌓여 있다. 집에 들어오면 홀랑 벗어 서랍 위에 던져두는 고질병을 반성하며 우선 옷 더미 속에서 스카프를 길게 잡아당겨 골라낸다. 개어내고, 버리고, 고민하다가 다시 집어서 개어낸다. 그러다 보면 미지근하게 식어버린 듯한 추억들이 새삼 떠오른다. 미처 끝내지 못한 이야기들이 옷이 개어지면서 결말을 맺는다. 나에 대한 수많은 이야기가 이렇게 정리되어간다.

보관할 옷, 버릴 옷, 버리기엔 아쉽지만 입지 않을 옷. 이 중 보관할 옷에 분리되는 아이템은 단연 첫 번째로 화이트 셔츠다. 지난 봄 세탁소 비닐을 뜯지도 않은 채 걸려 있는 실크 셔츠, 톡톡한 질감의 오버사이즈 옥스퍼드 셔츠. 두어 해 전이었나. 사람들이 가득 찬 엘리베이터 안에서 머리카락을 넘기다가 오른 팔목의 빨간 큰 단추에 머리가 엉켜 팔을 내리지도 못하고 꽤나 난감했던 기억의 화이트 셔츠. 커피 얼룩이 진하게 배어 입지는 못하지만 나의 사회생활 첫 면접을 함께했기에 버리지 못하고 모셔만 두고 있는 소장용 셔츠까지 가지런히 줄 세워 걸어낸다. 특히나 간결하고 감촉 좋은 실크 셔츠는 자신감이 필요한 날에 검정 터틀넥과 함께 손이 가장 먼저 가는 아이템이다.

예전 한 심리학 실험에서 의사 가운을 입은 그룹과 그렇지 않은 그룹에게 문제해결 능력을 측정하는 연구를 했다. 의사 가운을 걸쳤다고 생각했던 그룹이 실제로 뛰어난 집중력으로 문제를 해결했다. 복식효과라 불리는 이 실험은 실제로 옷이 가지고 있는 상징성이 사람들에게 주는 긍정적 영향을 증명하는 예시가 되었다.

　우리는 종종 남에게는 관대하고 나 자신에게는 한없이 엄격하다. 자신이 괜히 초라하게 느껴진다거나 잘 해야 한다는 강박 때문에, 그래서 스스로가 입힌 내 마음의 상처는 돌보지 못할 때가 많다. 상처가 덧나는 줄도 모르고 바람도 통하지 않게 덮어놓으려만 했던 내 자신이 두려워질 때. 나를 있는 그대로 받아주는 화이트 셔츠가 생각난다.

　파리든 뉴욕이든 서울이든, 그래서 여자들은 화이트 셔츠를 입는다. 화이트 셔츠를 몹시도 사랑해서가 아니라 화이트 셔츠가 나를 가장 빛내주기 때문이다.

셔츠는 반드시
소매를 대충
걷어 입어야 한다.

카린 로이펠드Carine Roitfeld, <프렌치 보그> 전 편집장

# MIRROR
거울

당신은 하루 중 언제 가장 예뻐 보이나요?

저는 자고 일어나서 부스스한 머리카락에 반쯤 감긴 눈으로 샤워를 하러 들어갈 때가 가장 예쁜 것 같아요….

부럽다. 유명 여배우의 답변이다.

아침 거울 앞 나의 짧은 머리는 어젯밤 감고 그대로 잠들어버려 뻗쳐 있고 얼굴의 붓기 때문에 눈이 안 떠진다. 사실 아침에는 거울 앞에 서 있을 시간적 여유가 없다. 이불 안에서 끝까지 버티다가 겨우 화장실로 기어들어와 온수가 나올 때까지 기다리는 몇 초간 거울 바라보기가 전부다. 그런데 요즘은 거울에 비친 내 모습이 고맙다. 어젯밤 열심히 일하고 나서 충혈된 눈을 하고 있는 내 자신을 토닥이거나 몸 상태를 체크할 수 있다는 것. 나의 상태를 바로 보여주는 거울이 나를 인지하기 위한 매우 적절한 도구다.

수많은 유명 미술 작품 속에서도 거울은 매우 중요한 매개체이다. 반 고흐가 동생 테오에게 보낸 편지를 보면 좋은 거울을 구입했다고 적었거나, 에곤 실레가 어머니에게 받은 큰 거울을 이사 갈 때마다 가장 소중하게 다루었다는 이야기는 화가들에게 좋은 거울이 얼마나 중요한지 보여준다.

있는 그대로의 나를 인지할 수 있는 거울. 재미있는 실험이 하나 있다. 실험자에게 왜곡된 거울을 보여주는 것이다. 실제보다 훨씬 길어 보이는 거울을 보여주었더니 실험자는 실제로 자신의 키가 많이 큰 줄 알고, 어깨를 구부정하게 가슴을 펴지 못하고 걸어 다녔다고 한다. 보이는 대로 믿는 우리의 속성. 현실 속 자신은 그렇지 않은데 보이는 대로 생각하게 된다.

이때 한 가지 유의해야 할 것이 있다. 그것이 왜곡된 거울인지 아닌지를 혼자서는 알 수가 없다는 것이다. 부지런히 다른 곳에도 비춰보고 그것을 인지하고 느낄 만한 질문을 던져봐야 한다.

실제로 나에게
솔직한 이야기를
해줄 수 있는 이는
있는 그대로 보여주는
거울과도 같다.

# MASCARA
마스카라

내 앞의 그녀가 운다. 15년 여 직장생활을 향해 가는 언니의 요즘 병세는 울음이 그치지 않는다는 것이다. 동성들이 모여 있는 회사, 중요한 일을 앞두고 날카롭게 오가는 이야기는 팀의 리더인 그녀에게 상처가 된다.

예전에는 그랬다. 연차가 쌓이면 나아질 테니 조금만 참자고. 누가 그런 거짓말을 했나. 위아래 눈치에 내가 남아나질 않는다. 말이라는 게 잘 다듬어지지 않은 모난 칼과도 같아서 예상치 못한 순간에 훅하고 들어오면 오고 간 자리에 꿰매기 힘든 상처가 난다. 그래도 한 가지 다행인 건 주문한 밥이 나오면 야무지게 비빈 밥을 냉큼 한 입 넣고는 오물거린다는 것이다. 그러고는 이렇게 말한다.

"이번에 나온 우리 회사 마스카라 진짜 좋아. 내가 사무실에서 그렇게 펑펑 울었는데 거울을 보니 하나도 번지지 않고 그대로 남아 있는 거 아니겠니? 진짜 이번 신제품 자신 있어. 너도 써봐."

## 이왕 울 거라면 제대로 울 것

　방금 전까지 그놈의 마스카라 때문에 일하느라 회사를 못 다니겠다고 울고불어 퉁퉁 부은 눈이 매우 멋쩍어 보이지만 괜찮다. 그녀가 맛나게 밥을 먹고 있으니까.

　1913년 미국의 약사 TL 윌리엄스에게는 메이블이라는 여동생이 있었다. 당시 메이블의 연인이 다른 여성과 사랑에 빠지자 괴로워하는 메이블을 위해 오빠는 묘안을 짜냈다. 바로 바셀린 젤리에 석탄가루를 섞어 속눈썹에 진하게 바르는 것. 여동생의 연인이었던 체트는 석탄가루를 바른 그윽한 눈에 다시 끌렸고, 둘은 마침내 결혼했다.
　1915년 윌리엄스는 여동생의 이름인 메이블과 바셀린을 합쳐 메이블린이라는 이름으로 마스카라를 생산하는 화장품 회사를 시작했다. 그윽한 눈썹에 매혹되어 다시 만나게 됐다는, (사실 내가 오빠라면 다시 만나는 것을 절대 반대했겠으나) 우는 동생을 달래기 위해 아이디어를 내고 여기에 하나의 글로벌 브랜드로 성장시키기까지 한, 영리한 오빠가 있는 메이블이 부러워진다.

사랑했던 남자에 차였던 메이블에게도, 회사 동료들과의 오가는 말에 가슴 아픈 그녀에게도 상처는 아무리 무뎌지더라도 상처다. 피부 위 칼에 베인 자국처럼 감정의 상처도 소독해야 한다.

슬픔과 비애는 감정적 눈물이 넘치게 하는 정서이고, 눈물은 감수성이 넘친 결과물이며, 인간의 기분을 누그러뜨리는 방향제라는 뇌신경학자 조반니 프라체토의 말처럼 우린 실컷 울고 나서의 해방감을 느껴도 괜찮다. 그러니 이왕 울 거라면 제대로 울 것.

규칙이란 없어요.
메이크업에서
틀린 것은 없어요.
만약 하고 나면, 씻어내고
다른 걸 또 시도해보세요.
인생은 짧아요.
그러니까 즐겨요.

프랑수아 나스François Nars, 크리에이티브 디렉터·메이크업 아티스트

# PEARL NECKLACE
진주 목걸이

흑백사진은 순간의 위로다. 현실에 지쳐 조급한 마음이 들 때면 괜히 흑백사진들이 가득한 책을 들춘다. 이브 생 로랑, 지방시, 코코 샤넬…. 자연스러운 우아함을 추구했던 인간의 열망은 예나 지금이나 다르지 않다. 페이지를 넘기다 보면 시간의 파도를 능숙하게 넘어가고 싶다는 욕심이 차분하게 가라앉는다.

흑백사진들이 가득 담겨 있는 패션 디자이너들의 책을 보면 단연 눈에 띄는 아이템이 진주 목걸이다. 하얀 셔츠에 길게 늘어뜨리거나, 여러 줄을 칭칭 감은 수십 개의 진주는 얼굴을 더 빛나게 해준다. 60년 전이든 오늘날이든 많은 여성들이 바쁜 아침 무엇을 입어야 할지 고민하다가도 캐주얼한 티셔츠에도 트위드 재킷에도 길게 늘어진 진주 목걸이를 찾는다. 최고는 아니지만 나를 최적으로 만들어주는 고마운 진주 목걸이.

진주의 생성 과정에 대한 설명에는 '이물질'과 '분비물'이라는 단어가 등장한다. 조개 속에 이물질이 들어가 만들어지는 것이 진주다. 조개 속으로 모래와 같은 이물질이 들어오면, 조개는 스스로를 보호하기 위해 외부에서 들어온 이물질을 감싸게 된다. 시간이 흐르고 이물질을 둘러싼 분비물과 그 막이 점점 두꺼워지고 단단해져서 진주가 되는 것이다. 시간의 축적과 성장의 결과물이다.

살다 보니 내가 어찌 할 수 없는 외부 환경에 외로웠거나 힘들었던 기억도 있고, 누군가와 나눌 수 없는 아픔도 있고, 앞이 보이지 않아 답답함에 잠 못 이루기도 했다. 흔들렸던 일상은 시간이 흐르며 아주 조금씩 나아지고 있다. 나도 당신도. 절대적 필요 가치 덕에 어느새 단단하게 오묘한 진줏빛을 내는 존재가 됐다고 말할 수 있으면 좋겠다.

진주 목걸이는
모든 옷을
드레스업한 것처럼
만들어주는
묘한 매력을 지녔다

코코 샤넬Coco Chanel, 패션 디자이너

# DIFFUSER

디퓨저

"그게 말이죠. 중성적인 그런 향 있잖아요. 상큼한데 너무 꽃
향이 과하지 않은, 가볍진 않지만 그렇다고 너무 진지해서 부담
스럽거나 무거운 느낌은 아닌. 시크한 듯하지만 내추럴한 자연이
상상되고, 자기만의 매력이 있어 보이는 그런 사람 같은 향 있잖
아요."

"음… 손님…, 그런 향은 없습니다."

아차 싶었다. 내가 과했다. 평소에는 정확하고 적절한 단어의
선택이 대화의 8할이라고 강조하면서, 정작 내가 매장 직원을 곤
란하게 만들었다. 고맙게도 직원은 구구절절한 설명을 열심히 들
어주려고 했으나 나의 말이 끝나기도 전에 제품 추천을 이내 포
기한 눈치다.

마음이 담기면 담길수록 이성적이거나 객관적이기 어렵다. 제
품의 추천을 바랐던 것보다는 내가 이런 공간으로 만들고 싶다
는 판타지의 나열이었다. 내 손으로 만든 공간, 결혼 후 십 년 만
에 버킷 리스트에서 꺼낸 나의 어렴풋한 계획을 실천해보려 했

# 향기란 오래 배어 자연스럽게 나타나는 태도 같은 것

던, 그야말로 꿈의 공간. 추운 겨울 입김이 연거푸 나오는데도 비용을 아껴보겠다며 종이에 핸드폰 메모장에 그려 직접 만든 공간. 욕심처럼 되지 않을 것이라는 걸 진작에 알고는 향으로 그 빈틈을 채워보려 더 안달이 났나 보다. 결국 내가 그토록 구구절절 설명했던 것은 소중한 이들을 초대했을 때 전하고 싶었던 향이다. 그 향은 곧 내 공간이고 나였다.

사람의 감각 중 가장 먼저 뇌에 전달된다는 후각. 코를 통해 특정 향이 뇌에 전달되면 우리는 기억할 수 있다. 사우나 탈의실의 로션 냄새를 맡으면 자연스럽게 30년 전 목욕 후 엄마를 기다리며 먹었던 바나나 우유의 기억을 불쑥 꺼내낸다. 이렇게 향은 '매우 개인적이면서도 강력한 감각이자, 동시에 감정적인 것(루이즈 불로어)'이다.

뇌에 바로 전달되어 상황을 기억 속에 차곡차곡 쌓아두는 것 중 하나가 더 있다. 바로 태도다. 태도 역시 개인적이면서 강력한 요소이자 동시에 감정적이다.

이는 우리 스스로가 얼마든지 선택하고 제어할 수 있다. 상점에서 돈이나 카드를 낼 때 바닥에 툭하고 던지는 것이 아닌 손에서 손으로 전달될 것, 무거운 문을 연 후 뒤따라 들어오는 이가 있는지 확인할 수 있는 여유를 챙길 것. 고맙다 말할 것. 먼저 경험한 이들에게 배울 점을 먼저 찾을 것. 눈을 마주칠 것.

내 공간의 향처럼 나의 몸에 밴 태도를 어떻게 만들어갈 것인지 스스로 결정할 수 있는 것은 우리의 축복이다.

사람들은
상대방의 옷이나 모자는
기억하지 못하지만
이십 년이 지나도
향은 기억한다.

맥켈란 로자 도브Macallan Roja Dove, 향수 전문가

# TRUNK
트렁크

    여행은 여행 가방을 꾸리는 데에서 시작한다. 우선은 내가 가는 시점과 비슷한 때 다녀온 이들의 사진을 쭉 살펴본다. 이 정도 기온이겠구나 짐작한다. 그러고는 그곳의 날씨를 조금 더 정확하게 알아본다. 날씨를 검색하며, 대충 몇 벌의 옷과 신발이 필요하겠구나 머릿속으로 그려본다. 저녁에는 근사한 바에 갈 계획이니까 검정 드레스와 스트랩으로 고정하는 하이힐을 넣는다. 조식 때 입을 편한 트레이닝 바지도 넣는다. 낯선 카페에서의 독서를 위해 몇 권의 책도 넣어본다.

    어쩌나, 점점 트렁크는 무거워진다. 결국 다 들어낸다.

    여행 가방을 싼다는 것은 완벽한 기다림의 시간이다. 며칠을 머릿속으로 트렁크 속 짐들을 계획했거나 혹은 눈앞에 보이는 것들을 대충 둘둘 말아 가방에 밀어넣는다. 그래도 어쨌든 그 가방을 들고 빨리 떠났으면 하는 것. 떠난 그 순간이 나의 모든 고민을 날려버리고 후련하게 만들 거라는 상상.

    여행은 결혼과 같다고 존 스타인벡은 말했다. 설레고 마음껏

## 완벽한 기다림의 시간을 즐겨야 한다

꿈에 부풀었다가 막상 여행지를 가면 약간의 긴장과 낯선 곳에 대한 두려움으로 은근 몸이 불편해지는 것. 여행지에서 뜻하지 않게 강도를 만났거나 여권을 잃어버리거나 공항에서 내 짐이 분실되어 호텔로 들어가는 길이 매우 허망할 수 도 있다. "여행은 즐거움"이란 등식은 나의 강박이었을 수도 있다.

가끔은 실제보다 상상이 더 좋다는 것. 준비하는 동안 설렘을 마음껏 느끼고, 낯선 동네 어느 방의 창밖에서 들리는 아이들의 웃음소리나 자동차 경적 소리가 반갑다는 정도의 일탈을 바라며 가끔은 가방을 싸는 그 순간을 즐기려 여행을 가려 하는지도 모른다.

때론 즐거웠고, 때론 끔찍했던 기억이 나에게 언제 어디서 일어날지 모른다는 기대와 설렘으로 우리는 여행을 계획하고 가방을 싸기 시작한다.

브랜드 창립자 루이 비통이 1854년 프랑스 파리에 자신의 이름을 건 상점을 내면서 처음 선보인 '트리아농 그레이 캔버스'는 혁신이었다.

당시 여행용 트렁크는 빗물이 잘 흘러내리도록 둥근 형태로 만들었는데 차곡차곡 쌓을 수 없어 불편하고 무거웠다. 목공과 포장 기술을 익힌 루이 비통은 바닥이 평평한 사각형 트렁크를 처음 내놔 획기적 인기를 끌었다. 루이비통의 상징인 다미에(바둑판무늬)와 모노그램(이니셜로 만든 무늬) 역시 이 가방의 인기에서 비롯됐다. 모조품이 쏟아지니 차별화된

디자인이 필요했던 것. 19세기 산업혁명과 더불어 교통수단

이 발달하면서 루이비통은 그에 걸맞은 트렁크를 계속 개발

했다. 요트 여행 때 하루에도 여러 번 옷을 갈아입는 여성들

을 위해 빨랫감을 따로 넣을 수 있는 가벼운 소재 '스티머백'

을 만들었다. 자동차에 고정하는 트렁크, 기차 좌석 아래 밀

어 넣는 트렁크, 비행기에 적합한 가벼운 트렁크가 나왔다.

교통수단이 발달할수록 가방은 가벼워지고 작아졌다.

오늘날 루이비통을 대표하는 핸드백 중엔 1920-1930년대

여행가방에서 비롯된 것이 많다.

# SOCKS
양말

"왜 그렇게 뛰어가나 했지. 지각했다고 아침밥도 안 먹고 엄마한테 짜증을 버럭 내고 나갔잖아. 그렇게 급하게 나가놓고 우리 동 앞에 넓적한 바위에 걸터앉아서는 갑자기 양말을 접기 시작했어. 내가 베란다 창문에 서서 집중해서 양말 주름 잡는 언니를 보고 얼마나 신기했는지 알아? 쟤는 왜 저럴까. 양말이 저렇게나 소중한가. 참 이해할 수 없는 사람이었어."

"내가? 그랬다고?"

다섯 살 아래 동생이 기억하는 나의 중학교 시절은 이러했다. 아침마다 부리나케 뛰쳐나가고서는 곱게 양말 주름을 잡는 십대 소녀. 참 별거 아니다 싶으면서도 양말은 교복을 입는 학생이 부리는 최선의 멋이었다. 지금도 양말은 잘 스타일링해서 신으면 눈에 띄지 않지만 잘못 매치하는 순간 양말만 도드라져 아무리 옷을 잘 입어도 전체 스타일링을 망쳐버린다.

양말은 신발보다 훨씬 더 긴 세월 동안 우리와 함께했다. 이집트에서는 니트로 만든 양말이, 고대 그리스에서는 동물의 털을

## 때로는 변화의 파도 속에 나를 놓아볼 것

꼬아서 만든 양말이 발견됐다고 전해진다. 그중 양말 역사에서 가장 큰 사건은 1589년 양말 짜는 기계의 발명이다. 어머니와 누이들을 힘든 뜨개질로부터 해방시켜주기 위해서 성직자 윌리엄 리가 만들었다는 양말 짜는 기계. 그 시절 획기적인 이 기계의 특허 출원을 뜻밖에도 영국 엘리자베스 1세는 거부했다. 이유는 뜨개질을 업으로 하는 사람들의 생계를 걱정했기 때문이다.

"모든 사람의 양말을 만든다는 것은 너무나 중요한 특권이기 때문에 특정 개인에게 부여할 수 없다."

하지만 그 후 엘리자베스 여왕도 시대의 변화를 막지 못했고, 오히려 자신도 기계로 짠 양말을 신게 되었다.

과거 기계화 혁명에 맞서 일자리를 잃을까 봐 두려워했던 어떤 이는 양말 짜는 기계를 파괴하는 폭동을 일으키기도 했지만, 결국 전 세계에서는 양말 짜는 기계가 돌아가기 시작했다. 더 많은 이들이 공장에서 일하게 되었고 생산력이 나날이 높아졌다.

막을 수 없는 변화라면 그 변화의 파도 속에 나를 놓아보는 건 어떨까. 불안과 두려움은 아직 그 대상을 잘 알지 못한 것이 이유가 될 수 있다. 나에게 밀려오는, 혹은 밀려나가는 파도를 내가 어찌할 수 없는 것처럼 파도 위에서 그 리듬을 온전히 느껴볼 것. 그리고 언젠가 이루어질 일은 이루어질 테니 여유롭게 기다리는 호기를 부려볼 것.

새로운 변화가
우리 앞에 나타날 때마다
사람들의 반응은 두 가지다.
익숙지 않다는 이유로
거부하거나
혹은 힘들어도
새로운 기회로의 수용을
선택하거나.

# BIKINY

비키니

열 살된 딸아이가 귓속말로 조용히 말한다. "엄마, 저 언니 수영복이 너무 작아." 선 베드 뒤로 돌아보니 아이 손바닥만 한 비키니를 입고 셀카를 찍고 있는 젊은 여자가 서 있었다.

"진짜 작다. 그치? 그런데 너 비키니를 왜 그렇게 부르는 줄 알아? 할머니가 태어나기 전에는 헐렁한 디자인의 원피스 수영복을 입었대. 그런데 할머니가 태어날 즈음 수영복이 위아래로 나누어진 거야. 몸에 붙는 원피스 수영복에도 사람들은 놀랐는데 맨몸이 너무나 많이 보이는 수영복이라 사람들은 충격이었어. 그래서 그 충격이 원자 수소폭탄 실험을 했던 태평양 비키니 환초의 원폭 실험의 충격과 비슷하다고 해서 비키니라고 불렀대. 비키니의 시작이 원래 '충격'인 거야. 저 언니를 보며 깜짝 놀랐다면 언니가 비키니를 제대로 입었네."

수요일 오후 4시, 남들 모두 일하는 평일 낮에 한가로이 수영장 선 베드에 누워 밀린 독서를 하는 호사로움을 만끽하고 있었다. 수영하지 않아도 파란 풀이 내 눈앞에 있다는 것만으로도 참 좋았다. 딸아이의 질문에 답을 하고 나서 다시 찬찬히 수영장을 둘러보니 장 줄리앙(프랑스 일러스트레이터)의 말이 생각났다.

"일상에서 하는 모든 행위가 해변에서도 똑같이 이뤄지는데, 수영복만 입고 몸을 드러낸 채로 하고 있다는 점이 재미있다."

누군가는 오일을 듬뿍 바르고 등 위의 비키니 끈을 풀고 선탠을 하는데 그 옆의 누군가는 피부가 탈까 봐 수건으로 얼굴을 칭칭 감싸고 긴 팔을 입고 있다. 수영장 안을 걸으며 독서를 하고 있는 외국인 임산부와 그녀의 뒤로 보이는 남녀 커플의 스킨십, 다른 선 베드에서는 서로가 아무 말 하지 않고 스마트폰만 만지작거리고 있다. 테이블 가득 피자와 맥주를 시켜놓고 연거푸 터지는 웃음에 신나 하는 몇몇 사람들까지. 그들의 행동들은 다 달라도 다들 얻어가는 것은 한 가지다.

'쉼'.

19세기에도 지금처럼 우울증 치료 방법으로 환자들에게 수영을 권했다. 중세시대에는 무릎까지 오는 하의와 길이가 길고 헐

렁한 나이트가운 같은 상의로 몸이 거의 보이지 않았고, 1890년에는 드레스에 가까울 정도로 사치스럽기도 했다. 1900년 몸에 붙는 원피스 수영복의 충격에 이어 1950년대 원폭 실험에 비교될 만큼의 충격적인 비키니까지. 아마도 무엇 하나 거추장스럽지 않게 자연의 상태로 돌아가 물살에 몸을 맡겨보라는 수영복의 변천이 아니었을까 싶다.

어떤 수영복을 입든 수영을 하고 난 다음 날의 개운함과 수영장이 주는 쉼의 기운이 그리워 우리는 여름이면 수영장을 찾게 된다.

모두들 내가 게으르다고
생각하는 것 같아.
난 상관없어.
나는 다들 미쳤다고 생각해.
그들은 그렇게 속력을 내서
여기저기 뛰어다니지.
그럴 필요 없다는 걸
알게 될 때까지 말이야.

비틀즈Beatles, <I'm only sleeping>

# SLEEPING EYE SHADES
수면안대

개운한 기분으로 눈을 뜬 지가 언제인지 모른다. "요즘 잘 자나요?"라고 누군가 묻는다면 바로 답하기가 어렵다. 딱히 걱정이 많은 것도 아닌데 침대에 누우면 생각이 많아진다. 피곤한 날일수록 더 그렇다. 불 꺼진 방에서 두 눈을 깜빡이고 있다. 딱히 잘못될 것도 없는 상황인데, 머릿속의 의문점들이 가지치기를 한다. 심장박동도 빨라지는 것 같고, 답답하기도 하고, 어릴 적 엄마와 함께 세었던 양 100마리가 지나간다.

불면증. 나만 이럴까? 숙면에 대한 고민은 그렇게 시작됐다. 왜 잠을 못 잘까? 내가 아침에 일정한 시간에 일어나는지, 낮에 커피를 많이 마시는지, 에너지 드링크를 많이 마시는지 생활습관을 먼저 확인해본다. 걱정과 고민이야 사회생활을 하면서부터 늘 따라다녔기에 그것들을 없애려면 도통 답이 없을 거다. 그 이유가 나의 생활습관이 아니라면 근원적 이유를 오밤중에 당장 해결하기는 어려울 테니 숙면을 위한 나만의 잠자기 전 의식을 정리해본다.

Stretch

Drink some tea          Read a book

Meditate     Try aromatherapy

Sleeping eye shades

Take a warm bath

다. 어떤 상황이든 시각만큼은 깨어 있길 바랐는데 어두운 방 안에서 나의 시야를 완벽하게 차단한다는 것은 불안에 대한 도전이었다. 스마트폰을 보고 싶은 유혹도 잘 넘겼다. 이까짓 게 뭐라고 그만해버릴까 하는 충동도 불쑥 올라왔지만 참아보기로 한다. 가만 있자⋯. 그러고 보니 온전한 휴식이라고 휴일에 집에서 쉰다고 말해놓고는 청소를 하거나, 책을 읽거나, 음악을 들었다. 그렇게 내 감각들은 늘 깨어 있었다. 입으로만 휴식을 외쳤을 뿐 나의 감각들은 오프된 경우가 거의 없었다.

눈을 가리는 안대는 오랜 역사를 가지고 있다. 특히 배 위 갑판과 갑판 아래를 오가는 선원들에게는 어두운 곳으로 들어서면 눈이 어둠에 적응하는 데 시간이 필요했기 때문에 안대는 필수품이었다. 오늘 하루 동안 보았고, 들었고, 맡았고, 느꼈던 나의 모든 감각들은 온전히 쉬어야 할 권리가 있다. 두 눈을 가리는 수면 안대는 지친 하루 동안 나의 긴장한 몸이 휴식을 취해야 한다고 알려주는 스위치이다.

"우리는 눈을 감으려는 생각을 절대 안 해요.
세상사의 한 장면이라도 놓칠까 봐
두려운 거죠.
하지만 눈을 감는 건 반드시 필요해요."
불안한가요?
잠을 못 자나요?
그럼 눈을 가리세요.
그래도 괜찮아요.
당신에게도 시간이 필요해요.

# BLUE JEANS
청바지

그녀가 질문했다. 우울하고 무기력하다고. 넋 놓고 있을 때가
아니라고. 사회가 말하는 필요조건을 위해서 열심히 해야 한단
다. 그렇다고 안 하는 것도 아니지만, 아주 열심히 하는 것도 아
니라고. 도대체 어떻게 해야 할까요?

공중에 붕 뜬 채 두 발을 땅에 딛지 못하고 불안하게 살아가
고 있다는 대한민국 이십 대. 그보다 더 우울한 것은 정작 무엇
을 열심히 해야 하는지, 내가 뭘 위해 해야 하는지 모른다는 것
이다.

손에 아무것도 잡히지 않아 불안감을 삭히려 또래 친구들을
만나면 자극적인 미디어 기사와 사회에 대한 부정적인 이야기에
우울해질 때가 많다고 한다.

"우리가 아무리 열심히 노력한들 달라지고 나아질 수가 있을
까?" 이런 마음이 던지는 물음표가 질문으로 나오곤 한다.

이 질문에 선뜻 말을 이어가지 못했다. 내가 조금 더 늦게 태
어났다면 나라고 그들보다 더 나았을까. 그 친구들이 20년 더 먼

저 태어났다면 지금보다 덜 힘들었을까. 빛바랜 사진 속 청바지를 입고 선글라스를 낀 젊음들이 사회에 대한 저항으로 청춘을 불태우던 시절, 대학교만 졸업하면 먹고살 걱정은 하지 않아도 되던 때에 이 사회에 나왔다면 지금 같은 걱정은 하지 않아도 됐을 수 있다.

그녀를 만났던 그날, 나는 결국 이야기를 들어주기만 했을 뿐 아무 말도 해주지 못했다. 만약 지금 다시 그녀를 만난다면, 예전 한 선배가 나에게 이야기해준 것처럼 '그럼에도 불구하고'라는 뻔한 이야기를 해줄 생각이다. 나를 둘러싼 외적인 환경은 내가 선택할 수 없지만 그것에 대한 반응은 내가 선택할 수 있다. 어쩌면… 내가 할 수 있는 것들. 내가 바꿀 수 없는 외부 환경에 쏟을 신경과 열정을 내가 바꿀 수 있는 것들에 집중하는 것.

군납이 좌절되어 먼저 생산해낸 대량의 천막 천들을 어찌할 바 몰라 홧김에 들어갔던 술집에서 광부들이 꿰매고 있는 바지를 보고 튼튼한 천막 천으로 바지를 만들어보자는 아이디어를

냈던 리바이 스트라우스. 그는 그렇게 청바지를 만들어냈고, 전
세계 실패를 딛고 일어선 발명품에 꼽히는 청바지의 발명가로
남았다.

'그럼에도 불구하고.'

나는 이 말을 사랑한다.

청바지는
패션계의
민주주의를
대표한다

조르지오 아르마니Jorgeo Armani, 패션 디자이너

# 2

## 자신만의 취향을
## 발견하고
## 가꾸어나갈 것

LIPSTICK
WEDDING DRESS
STILETO HILL
CLUTCH BAG
WALLET
PERFUME
PAJAMA
BRASSIERE
POLO SHIRT
TRENCH COAT

# LIPSTICK
립스틱

'만지면 안 된다'는 말은 만지고 싶은 충동을 더 일으키게 한다. 열 살 쯤이었나. 엄마가 외출한 사이 들여다본 안방의 화장대는 신발장 앞 뾰족 구두를 몰래 신어보는 것보다 더 스릴 있었다. 약속 시간이 늦었는지 화장대 위에는 어른의 물건이 널려 있었다. 가운데만 닳은 아이섀도 팔레트, 매일 밤마다 얼굴에 원을 그리며 동그랗게 문질러 번쩍이게 만들었던 마사지 크림. 뚜껑을 잘못 닫아 뭉개져버린 립스틱과 상표명이 반쯤 벗겨진 듯한 립스틱은 탐나는 어른의 물건이었다. 바비 인형 키트의 플라스틱 장난감 화장품과는 비교도 안 되는 진짜였다.

거울에 바짝 붙어 입술에 힘을 단단히 주고는 작은 솔로 정성스레 립스틱을 바르는 엄마의 뒷모습. 30년이 흐른 지금, 화장대 앞의 내 뒷모습을 열 살 딸이 지켜보고 있다.

수천 년 전부터 우리는 입술에 주목했다. 기원전 1400년 이집트의 입술을 빨갛게 하기 위해 사람들은 위험한 방법을 선택했다. 아름다움에 대한 욕망이 사람을 병들게 했다. 해초에서 추출한 빨간 염료에 요오드와 유독한 브롬 혼합물을 섞어 사망에 이르는 일도 있었다. 그 후 르네상스 시대 입술 화장을 마친 후 입술의 반짝거림을 위해 달걀흰자를 발랐던 엘리자베스 1세처럼 18세기 중반 유럽은 메이크업이 사치스러움의 극에 달했다. 하지만 그 후 빅토리아 시대에는 이렇게 자신을 꾸미거나 화려하게 치장하는 것에 대한 반발이 일어났고, 대부분의 메이크업은 은밀한 영역으로만 남겨졌다가 20세기 여배우들에 의해 다시 여성들에게 주목받기 시작했다.

왜 유독 입술일까? 입술은 눈 다음으로 우리의 감정을 잘 보여준다. 삐치면 입술을 삐죽 내밀고, 눈물이 날 것 같으면 입술부터 떨린다. 서운하거나 마음에 들지 않으면 입꼬리가 가장 먼저 내려가고, 반대로 기쁘거나 즐거운 일에 대한 기대가 생기면 입꼬리는 저절로 올라간다. 날것의 감정을 그대로 보여주는 입술. 속이려 해도 입술은 있는 그대로 보여준다. 억지웃음을 지으려 해도 입꼬리는 내 마음대로 움직이기에 한계가 있다. 그렇다면 나의 감정에 정직하게 반응하면서 하루를 보내는 거다.

오늘 하루를 무사히 마치고 방에 들어온 나를 바라본다. 속상한 일이 있었다면 내 자신을 토닥이며 힘을 불어넣어주고, 박수 받아 마땅할 만큼 잘 한 일이 있다면 기꺼이 스스로를 칭찬해줄 수 있는 나의 저녁.

오늘 하루를 잘 마감한 나는 바란다.
내가 바르고 싶은
선홍빛 코랄 색상의 립스틱이
매끈하고 선명하게 발린
기분 좋은 아침처럼
나에게 주어진 새로운 날에는
나의 입 꼬리 방향이 위로 향하길.

# WEDDING DRESS

웨딩드레스

20세기 이전까지 그림이나 문학작품에서는 다양한 색상의 웨딩드레스들이 나온다. 웨딩드레스라고 하면 순백의 드레스를 떠올리게 한 주인공은 영국의 빅토리아 여왕이었다.

영국이 최고의 전성기를 구가하던 시절, 상상 속의 결혼식을 현실에서 모든지 구현할 수 있었던 빅토리아 여왕의 결혼은 전 세계 가장 큰 관심사였고, 그녀의 선택은 바로 하얀색 웨딩드레스였다. 선망의 대상이었던 그는 결혼 후에도 비교적 순탄한 결혼생활을 하며 하얀 드레스에 대한 긍정적 이미지를 심어주었다. 그렇게 여자들은 하얀색 웨딩드레스를 입게 되었다.

나의 작업실이 있는 건물은 이전에 웨딩드레스 숍이었다. 작업실 문 위로 아직 철거하지 않은 웨딩드레스 숍의 간판 덕에 꽤나 오랫동안 예비부부들을 마주쳤다. 문을 열고 들어와서는 당황한 기색으로 "웨딩드레스 숍 아닌가요?"라고 묻는 이들과 반자동 사무적인 말투인 나. "나가셔서 골목 위로 조금 더 올라가시면 검정 건물 있어요. 거기로 이사 갔습니다."

보통은 여자와 남자 둘이 오거나 아니면 친정 엄마로 보이는 어른이 함께 들어온다. 예약시간에 늦었는지 서둘러 물어보는 커플. 조금은 예민해 보이는 여자와 어떻게 해줘야 할지 잘 몰라서 난감해 보이는 남자. 특히나 주말에 많이 마주치는 그들은 주말의 여유와 결혼의 설렘보다는 결혼 전 해야 할 것들에 대한 부담이 많아 보인다.

그때는 몰랐다. 우리 둘에게 정작 중요한 것은 내 몸에 잘 어울리는 드레스나 웨딩 메이크업을 해줄 아티스트를 만나는 것보다 '결혼 이후의 삶'에 대한 고민이었다.

결혼 후 알게 되는 수많은 것들.

내가 이렇게 목소리가 큰 사람인지 몰랐다. 사랑하는 이의 마음을 밑바닥까지 거덜 낼 만큼 화를 잘 내는 사람인지 미처 몰랐다. 순간의 서운함에 며칠 동안 말을 안 할 수 있는 지구력 강한 사람인지도. 머리와 마음이 조화를 이루지 못한 적이 한두 번이 아니었다.

　나의 삐죽거리는 입술마저 똑닮은 아이들에 신기해할 줄, 뜨겁진 않아도 잔잔한 강물처럼 정직한 그에게 감사하며 꽤나 많이 웃게 될 줄 몰랐다. 장점은 그 어떤 것이든 반드시 그에 상응하는 단점이 수반되게 마련이라는 '장점의 단점 법칙'. 결혼은 누가 양보하고 상대를 설득하는 과정이 필요한 것이 아니라 있는 그대로 인정할 줄 아는 용기가 필요하다는 것을 이제야 알았다.

여행은 결혼과 같다.
그래서 여행 중
모든 상황을
컨트롤한다는 건
불가능하다

존 스타인벡John Steinbeck, 소설가

# STILETO HILL

스틸레토 힐

1  보도블록 사이 좁은 틈에 가느다란 굽이 박혔다. 이제는 익숙
   한 경험이라서 두어 번 발목에 힘을 주어 강한 스냅을 이용
   해 당겨본다. 안타깝게도 빠지지 않는다. 그렇다면 이제는 아
   무렇지도 않은 듯 신발을 벗고 한 손으로 가뿐하게 잡아뺀다.
   뒤굽이 성한지 체크한 다음 다시 신고 가던 길을 간다.

2  7cm로 시작한 나의 스틸레토 힐 사랑은 10cm를 넘어 한때는
   13cm에 이르렀다. 계단 하나를 올라가 서 있는 기분. 가뜩이
   나 앞 코가 뾰족해 발가락에 피가 몰려 붓고 난리가 났다. 하
   지만 자세를 곧게 세워주고 다리를 가늘고 길어 보이게 하는
   터라 언제쯤 이 굽을 포기할 수 있을지 몰랐다.

3  미끄러운 대리석 바닥. 가뜩이나 걸어갈 때마다 유난히 크게
   들리는 또각 소리에 긴장을 했는데 발을 헛디뎠다. 그전에 같
   은 상황에서 넘어지는 바람에 다리 인대가 늘어났던 경험 때
   문인지 균형을 잃고 삐끗할 때마다 아차 싶다. 주변의 시선은
   나중 문제다.

**4** 뾰족 구두를 신고 취재를 하느라 뛴 적도, 긴장을 하고 걷다
가 아찔한 순간도 적잖았기에 나만의 노하우가 생겼다. 어떤
일이 발생하든 '당황하지 말고, 더 천천히'. 이 말을 되새김하
는 건 생각보다 유용하다. 입으로 조용히 읊다 보면 찰나의
당황스러움이 가라앉는다. 스틸레토 힐을 신고 넘어졌을 때
뿐만이 아니라 살면서 겪는 예상치 못한 일들이 목전에 왔을
때 늘 주문을 건다.

'당황하지 말고, 더 천천히.'

구두를 고를 때 잊지 말아야 할 것들이 있다. 반드시 양쪽 다
신어볼 것. 평평하고 딱딱한 바닥에 발을 딛고 몇 걸음 걸어볼
것. 전신 거울이 있다면 균형이 잘 맞는지, 남의 구두를 신은 것
처럼 불편해 보이지는 않는지 체크할 것. 여기서 가장 중요한 것
은 처음부터 완벽하게 맞는 스틸레토 힐을 찾기는 지극히 어렵
다는 것을 인지할 것.

구두도 나와
완벽하게 맞는 것을 찾기란
지극히 어려운데
처음부터 나와 잘 맞는 사람을,
직장을, 일을 찾기란
거의 불가능하다.

나를 당황시키는
아찔한 순간들과 마주칠 때
나는 외친다.

'당황하지 말고, 더 천천히.'

# CLUTCH BAG
클러치백

반짝이는 클러치가 좋다. 쏠쏠히 유용한 아이템이다. 연말 분위기를 낼 때나 음악회 혹은 오랜만에 힘주어 스타일링한 저녁 약속을 갈 때 함께한다. 바쁜 생활에 지쳐 활력을 잃거나 무료할 때 혹은 너무 바빠 자신을 돌볼 시간이 부족한 여자들에게 클러치는 유용한 아이템이다. 가방의 무게만큼 클러치를 드는 날에는 몸도 마음도 매우 가뿐한 모습으로 멋을 낼 수 있기 때문이다.

매일 클러치를 들 수 없는 것처럼, 매일이 기쁘고 즐거울 수는 없다. 그런데 우리는 착각을 한다. 내 주변 사람들은 모두 행복하고 매일이 즐거운 것처럼.

슬프거나 속상한 일을 위로해주는 것은 생각보다 어렵지 않다.

우리는 타인에게 친밀한 정서를 요구한다. 친밀함은 서로가 서로에게 위대함이나 멋진 모습보다는 나약하고, 빈틈이 있어 결국 나와 같은 인간이구나 하는 생각이 들 때 갖게 된다. 그렇기에 지인의 슬프거나 안타까운 일, 사건 사고를 보게 될 때 우리는 더 쉽게 위로한다. 대부분의 사람들은 누군가의 결점을 알게 될 때 자신과 닮았다는 생각을 하기 때문이다.

　내 자신의 일인 듯 진심으로 기뻐해주지 못한다 해도 결코 서운해하지 말기로 한다. 그러니까 이러한 이유로 진심으로 당신의 성공을 축하해주고 당신의 실패를 안아주는 이들에게 정말 고마워할 줄 알아야 한다.

# WALLET
지갑

손때가 묻은 지갑. 왜 그리 멋져 보였을까? 모서리 부분의 가죽이 살짝 벗겨지고 겹겹이 주름진 그의 지갑. 아버지가 쓰시던 지갑을 물려받았다는 말이 참 담백해 보였다. 지갑 사이에는 가지런히 놓여 있는 카드와 몇 장 안 되는 지폐들. 그는 지금도 찻잔에 금이 가거나 혹은 내 가방이 오랫동안 들어 가죽 손잡이 부분이 헤지고 실밥이 서너 군데는 헤져야 아름답다고 생각한다. 기억 속에 내가 처음 마주했던 지갑에 든 것은 돈이 아니라 그의 생활 태도와 스타일이었다.

필요한 것을 가지고 다니는 용도였던 '주머니'가 옷의 외부로 나오게 되면서 액세서리 역할을 하게 되었다. 농부는 씨앗을 담는, 도시인은 좋지 않은 냄새를 덮을 수 있는 달콤한 향의 약초를 담는, 그 후 동전 몇 개 정도만 보관하던 주머니는 시간이 흐를수록 점점 더 커져서 지갑과 가방의 원형이 되었다.

지갑의 탄생은 결국 지금 내게 필요한 것이 무엇인지 보여준다.

## 가득 차지 않았다고 실망하지 마라

지금 당신에게 필요한 것은 무엇인가? 단번에 '돈'이라 할 수 있다. 매일매일 성실하게 일하며 돈을 벌고 아껴왔지만, 신기하게 그만큼의 비용이 지출되는 일들이 발생하고, 그렇다고 나를 위해 큼지막한 무엇인가를 산 것도 아닌데 정신 차리고 보니 허무하게 만드는 텅 빈 통장이 눈에 보인다. 이것이 현실이다.

지치지 않으려면 관점을 바꿔야 한다. 손을 뻗치는 대로 잡을 수 있다는 환상에서 거리를 두기. 내가 바라는 윤택한 삶이라는 것은 결국 지갑 안에 들어 있는 돈보다 내 삶의 모습과 삶을 바라보는 태도에서 나옴을 인지하기. 다른 이들의 삶의 패턴이 절대 내 기준이 될 수 없음을 인정하기. 어쩌면 가득 차지 않은 내 지갑이 오히려 나에게 더 풍요로운 삶의 목표들을 만들 수 있는 기회라는 것에 감사하기.

# PERFUME

향수

향기에 대한 나의 첫 기억은 엄마 화장대 위 매니큐어 뚜껑을 몰래 열고 코에 갖다 대어본 것이다. 매니큐어 향이 퍽이나 좋았다. 중고등학생 시절, 유독 눈에 띄는 일러스트가 그려져 있는 미국 산 섬유 유연제로 세탁된 잘 마른 교복이 참 마음에 들었다. 대학생이 된 후 지금의 남편과 연애 시절 그가 나에게 준 첫 번째 선물은 크리스찬 디오르 향수였다. 산뜻하면서도 은은한 플로럴 향에 매료되어 끈질기게 이 향수 하나만 썼던 이십 대를 지나 지금은 익숙한 향들 사이에서 새로운 시도를 한다. 향을 통해 만들어질 새 추억을 기다리며.

최초의 화장품이라 불리는 향수. 땅 위의 나와 하늘의 신을 연결해주는 매개체가 향이라는 믿음으로 향이 사용된 것이 무려 5천 년 전이다. 신과의 소통의 도구에서 악취를 덮기 위한 귀족들의 사치품으로 그리고 오늘날 모든 이들이 사용할 수 있는 향수가 되기까지 오랜 시간이 걸렸다. 5천 년 전이나 지금이나 우리는 기분이 좋아지는 향을 원한다. 단 1초 만에 뇌에 전달되는 향에 대한 기억은 영원히 변치 않는다고 한다.

향수는 그 무엇보다 강력한 추억 재생기다. 어머니가 바로 내 옆에 앉을 수 있고, 헤어진 연인의 품속에 안길 수도 있고 언젠가 방문했던 곳에 되돌아갈 수도 있는, 조금이라도 더 가까이 하고 싶어지게 하는 기억을 간직하게 하는 마법이 향수라는 맥캘란 로자 도브의 말처럼 우리는 향기에 울거나 웃거나 인상을 찌푸린다. 요즘 부쩍 나만의 향수에 대한 관심이 많아지는 것은 아마도 좋은 기억이 더 필요한 사람들의 마음을 담아내고 싶어서가 아닐까?

그 향을 만나면 나의 뇌는 알아차릴 것이다. 지금 나에게는 위로가 필요하다고, 괜찮다 토닥이며 다시 앞으로 나아갈 힘을 실어주겠다고. 나를 가장 빠른 속도로 위로할 수 있는 것은 향수 한 방울이다.

행복이란 향수와 같아서
먼저 자신에게 뿌리지 않으면
다른 사람에게
향기를 발할 수 없다.

랄프 왈도 에머슨Ralph Waldo Emerson, 사상가

# PAJAMA

파자마

살갗에 닿는 기분 좋아지는 보드라운 감촉이 참 마음에 든
다. 주말 아침 느껴보는 느긋한 호사스러움. 아침에 눈을 떠 개
운한 기분을 느껴본 지 얼마인가. 시간이 흐를수록 맨살에 닿는
옷의 감촉이 얼마나 중요한지 느낀다. 이번 주 나의 상태는 최악
이었다. 감기에 걸려서는 독한 감기약에 몽롱해진 머리. 전화기는
계속 울리고, 해야만 하는 밀린 작업들을 처리하느라 분주했다.
가족들의 이런저런 필요는 감당할 수 있는 수준을 넘어섰다. 나
를 비롯한 대부분의 사람들은 너무 바쁘다. 그렇게 호된 며칠을
보내고 맞이하는 주말 아침, 숙면의 개운함은 감탄이 절로 나올
법하다.

사람들은 긴장과 스트레스를 해소하고 재충전할 수 있는 공
간과 시간을 간절히 필요로 한다. 흔히들 이야기하는 쉼, 평안.
느림을 실제 나의 실제 생활에 적용하기란 쉽지 않다.

쉼과 휴식을 위한 주변 환경을 바꿀 수 있는 가장 쉬운 방법,
첫 번째는 숙면을 위한 잠옷을 마련하는 것이다. 피부에 직접 닿

는 잠옷에 마음을 다하는 것.

사람들은 언제부터 잠옷을 입었을까? 사람들은 수세기 동안 잠옷을 입었다. 19세기 후반 세탁이 간편해지자 사람들은 잠옷을 더 자주 갈아입었다. 파자마는 페르시아어로 '발' 혹은 '다리'라는 뜻의 '패pae'와 '옷'을 뜻하는 '자마스jamahs'가 합쳐져서 잘 때 입는 모든 옷을 가리키는 말이 되었다. 세월이 흘러 여성들이 바지를 입기 시작하면서 고급스러운 소재의 파자마를 입기 시작했다

머릿속이 복잡할 때 잠들기 전 잘 개어진 정성스런 파자마 한 벌을 준비해볼 것. 지금은 걱정할 때가 아니라고, 딥 슬립을 위한 신호를 줄 것이다.

# BRASSIERE

브래지어

맨살에 닿는 첫 번째 옷. 브래지어.

스무 살을 좀 넘겼을 때, 미국 쇼핑몰 한복판에서 만난 '빅토리아 시크릿'은 충격이었다. 진열되어 있는 핑크, 빨강, 검정의 아슬아슬한 끈으로만 연결되어 있는 속옷들과 마네킹들이 입고 있는 속이 비치는 슬립들. 그리고 매장에서 나오는 빅토리아 시크릿 쇼의 화면은 너무나 아름다웠다.

그해 12월 크리스마스와 연말에는 집 소파에 반쯤 널브러져 빅토리아 시크릿 쇼를 보며 한해를 마감했다. 그때 그 쇼를 보면서 바비인형같이 생긴 모델들의 당당한 워킹과 함께 내 앞에 있는 온통 기름진 음식들을 탓하며 웃었던 기억이 난다.

관능적인 디자인과 흠잡을 데 없는 몸매의 모델들이 등장하는 화려한 패션쇼를 무기로 전 세계 여성 속옷 시장의 3분의 1을 점유했던 미국 란제리 브랜드 빅토리아 시크릿이 시대의 변화를 따라가지 못해 과거의 명성을 잃고 있다고 〈뉴욕타임스〉가 최근 보도했다. 〈뉴욕타임스〉는 빅토리아 시크릿의 부진은 섹시함을 강조하는 브랜드 정체성이 시대의 흐름에 역행하기 때문이라고 분석했다.

실제로 포털사이트 구글에선 '브라렛(와이어가 없는 편안한 브래지어)' 검색량이 빅토리아 시크릿의 대표 상품 '푸시업 브라(가슴을 모아주는 브래지어)'의 검색량을 제쳤다. '뚱뚱하든 말랐든 내 몸을 사랑하자'는 캠페인이 확산되는 것도 영향을 끼쳤다.

왜 여자들은 브래지어를 하게 되었을까? 언제부터 가슴을 지키게 됐을까?

브래지어에 대해서는 이런저런 말이 많지만, 나는 선택에 대한 이야기를 하려는 것이다. 하든 하지 않든, 이유가 무엇이든 결국 자신의 선택인 셈이다. 나는 브래지어를 입는 것이 편하니까. 내가 생각하는 편안함은 바로 그것이다.

당연하다고 생각하는 것을 뒤집어볼 수 있는 용기. 그 안에서 질문을 하고 당연하지 않다고 생각한다면 그렇게 하거나 말거나 선택할 수 있는 것이다.

완벽히
자유로운 건 없다.
새조차도 하늘에
묶여 있지 않은가.

밥 딜런Bob Dylan, 가수

현대적 브래지어 발명가로 가장 각광을 받는 사람은 메리 펠

프스 제이콥Mary Phelps Jacob, 1891~1970이다.

메리는 커레서 크로스비Caresse Crosby로도 알려져 있는데, 커

레서는 그녀가 두 번째 결혼을 한 후의 이름이다.

메리는 열아홉 살이던 1910년에 등 부위를 노출시킨 형태

의 브래지어를 발명한 후 4년 뒤에 특허를 받았다.

당시에 메리는 뉴욕 사교계의 스타였다. 그녀는 열정적으로

파티를 즐겼으며, 사람들의 관심을 받는 것을 즐거워했다.

1910년 어느 날, 메리는 파티용 의상으로 실크 드레스를 준비했다. 그런데 실크 드레스가 너무 얇아서 속이 다 비치는 문제가 있었다. 메리는 즉석에서 두 명의 프랑스 하녀와 함께 실크 드레스에 어울리는 속옷을 만들어냈다.

결국 그녀들은 두 장의 흰 손수건, 분홍색 베이비 리본, 얇은 줄을 가지고 젖가슴을 살짝 가릴 수 있는 속옷을 만들어냈다. 이 일로 인해 메리 펠프트 제이콥은 엄청난 부자가 될 수 있었다.

# POLO SHIRT
폴로셔츠

단추를 모두 채운 폴로셔츠는 평범한 듯하지만 모두에게 다 정직하게 어울리는 것은 아니다. 격식을 갖춘 듯하면서 실용적이고 고급스러운 폴로셔츠가 어울리는 사람을 만나기란 생각보다 어렵다.

테니스의 복장 규정이 엄격했던 20세기 초반, 운동량이 상당한 테니스 선수들은 더운 여름에도 긴 팔 셔츠와 바지를 입어야 했다. 편안함과 실용성보다는 정숙함과 품위가 먼저였기에 팔이 짧고 시원한 의상을 입고는 테니스 코트에 발을 들이지 못했다. 그런데 1926년 US 오픈에 르네 라코스테가 그전까지는 코트에서 본 적이 없었던 셔츠를 입고 등장했다. 통풍이 잘되고 가볍고 뜨거운 햇볕에 뒷목을 보호할 수 있는 칼라까지. 테니스 셔츠에 요구되는 격식을 갖추고 있으면서 실용적이었던 옷은 폴로 선수들한테도 지대한 관심을 받았다. 그렇게 시간이 흘러 1940년대 말즈음엔 테니스 선수들도 이 옷을 폴로셔츠라 불렀다. 사람들은 테니스와 폴로가 갖는 상류층 이미지 때문에 스포츠를 즐기는 것과 상관없이 폴로셔츠를 사랑했다.

선수들은 경기에 충실하기 위해 진짜 무엇이 필요한지 기본에 무게를 두고 싶었던 것이다.

기본기에 충실한 삶. 비범함보다는 평범한 삶. 평범함 속 숨어있는 평탄함을 실천하기는 생각보다 매우 어렵다. 때로는 나의 기본을 지키기 위해 반기를 드는 용기를 내야 하고, 모두가 특별한 무엇을 추구해보는 것이 더 낫다고 할 때 지금 나에게 필요한 것들을 되짚어볼 줄 아는 지혜도 필요하다.

평범하고 싶어도 우리에게는 순탄한 길만 열리지는 않는다. 연속적으로 발생하는 웃거나 울거나 하는 모든 일들이 결코 평범하게만 놓아두지는 않는다. 이 사실을 알기에 우리는 기본에 충실한 평범함을 곁에 두어야 한다.

# TRENCH COAT
트렌치코트

헝클어진 머리, 목 바로 아래까지 바르게 채워진 네 개의 검정 단추, 힘주어 묶은 것을 단번에 알 수 있는 벨트의 매듭. 찬바람 때문인지 턱을 반쯤 가린 세워진 깃. 건너편 횡단보도에 서 있는 트렌치코트를 입은 그는 낯설었다.

결혼한 지 일 년 만에 회사를 그만두고 사업을 하고 싶다고 한 남편. 그리고 그를 응원하겠다고 당당히 외쳤지만 서툰 남편이 가끔은 안쓰럽기도 했다. 애써 감추려 해도 들키고 마는 불안감이 있던 때였다. 과연 '그가 잘 할 수 있을까' 하는 두려움이 길 건너 트렌치코트를 입은 그를 보는 순간 신기하게도 사라졌다. 그가 이렇게 괜찮은 사람이었나.

그냥 이유 없이 멋져 보였다. 나중에 안 사실이지만 코트 안에는 목이 늘어난 잠옷 대용의 티셔츠를 입고 있었는데 도저히 보일 수가 없어서 그렇게 단추를 모두 채웠단다. 어쨌거나 오랜만에 심장을 뛰게 만들었던 그의 트렌치코트. 그래서 그렇게 많은 영화 속 남자 주인공들이 트렌치코트의 깃을 세웠나 보다.

## 원더 우먼의 슈트보다 더 강력한

나는 어릴 때부터 내 주변 모든 물건들이 궁금했다. 누구의 아이디어였는지, 어떤 상황의 불편함이 만들어낸 위대한 탄생이 있었는지, 누구를 거쳐서 마침내 나에게로 왔는지. 전쟁터와 같은 치열한 삶의 현장 속 그가 서투르게만 보였던 나에게 트렌치코트는 새로운 시각을 열어주었다. 걱정 말라고, 네 남자는 잘 할 수 있을 거라고. 그의 트렌치코트는 십 년이 흘러 이제 온전히 내 것이 되었다.

유행은 돌고 돌아 트렌치코트는 요즘 가장 트렌디한 패션 아이템이 되었다. 나를 설레게 만들었던 그의 트렌치코트는 오버사이즈 핏으로 딱 맞는 내 것이 되었다. 오랫동안 했던 일을 박차고 나와 글을 쓰고 싶다고 큰 소리 치다가도 하루에도 수십 번씩 잘 할 수 있을까 고민하는 내게 그의 트렌치코트는 원더 우먼의 슈트보다 더 강력하다. 바쁘게 돌아가는 세상에 숨을 헐떡거리며 따라가기에 급급한 것이 아닌 땅 위에 두 발을 굳건히 디딘 채 비바람이 몰아쳐도 견뎌낼 수 있을 것 같은, 그런 옷이다.

유행을 타지 않고 입을 수 있는 디자인, 기능성과 실용성을

지닌 디자인으로 트렌치코트는 오랜 세월 사랑받고 있다.

이미 많은 사람이 아는 것처럼 트렌치코트는 비와 바람이 잦

은 영국에서 시작되었다. 1912년 영국 브랜드 버버리가 특

허를 받은 '타이로켄' 코트가 바로 트렌치코트의 원조다.

군인들이 몸을 숨기는 참호(trenches)에서 이름을 가져온 것

이다. 토머스 버버리가 1902년 1월 영국 왕실의 허가를 받아

새로운 형식의 군복을 만들고, 영국 군에 독점 납품을 하면

서 무려 50만 벌의 트렌치코트가 1차 세계 대전 전쟁터에 퍼

져나가게 됐다. 전쟁 중반부터는 트렌치코트는 인기를 얻게

되며 트렌치코트는 버버리 코트라 불릴 만큼 사람들에게 많

은 사랑을 받게 됐다.

트렌치코트는 시간이 흐르면서 디자인도 다양해졌다. 클래

식한 견장이 있는 스타일부터 레이스를 덧댄 여성스러운 스

타일까지. 요즘도 봄과 가을에는 어김없이 사람들이 제일 많

이 찾게 되는 1순위 아이템이 바로 트렌치코트다.

# 3

상처를
두려워하지 말고
받아들일 것

BLACK BLOUSE
BLAZER
BACK PACK
PANAMA HAT
TOTE BAG
WHITE T-SHIRTS
BLACK TURTLENECK
TRACK SUIT
BOOTS
RING

# BLACK BLOUSE
검정 블라우스

친구 어머니께서 돌아가셨다. 편찮으셨지만 괜찮으실 거라 믿었다. 믿고 싶었다. 하지만 어머니는 마지막 순간까지 가족들 걱정을 하시다 더운 여름이 되기 전에 떠나셨다. 이별을 알리는 전화. 서둘러 장례식장에 가야 했다. 예상치 않게 찾아온 이별. 친구의 슬픔에 가슴 저리며, 갑자기 어른이 된 듯한 두려움과 나에게도 불쑥 찾아올지도 모른다는 불안감. 옷장 문을 열고 몇 번이나 울컥거렸는지 모른다. 맨 밑의 서랍장 구석에 넣어놨던 검정 블라우스를 꺼내 입고 병원으로 향했다. 그 뒤로 나의 옷장 맨 위에는 항상 검정 블라우스가 걸려 있다.

검정 블라우스는 애도의 방식, 표현하지 못한 마음을 이야기하는 옷이다. 검정은 모든 빛을 흡수하는 색이다. 예전부터 무거움, 두려움, 암흑, 공포, 죽음, 권위 등을 상징하며 두려움과 무거움을 나타내기도 하지만 심리적으로 편안함과 보호감, 신비로움을 느끼게도 해준다.

19세기 초반, 옷이 사치품이었던 때. 사람들에게는 교회에 갈

## 불쑥 찾아올 이별을 준비할 것

때 입고 가는 가장 좋은 옷을 칭하는 선데이 베스트와 함께 장례식에 참석할 때 입는 상복이 중요했다. 물론 그 당시 옷은 과시적 소비의 개념으로, 좋은 상복은 빚을 내서라도 가지고 싶어 하던 물건이었다.

학창 시절, 부모님을 따라갔던 장례식장에 대한 기억은 어둡기만 하다. 감당하기 어려운 슬픔의 무거움은 마주하기 힘들었고 조문 온 이들과 담담하게 이야기를 주고받으며 식사를 하는 모습도 나에게는 낯설었다. 이제는 그 순간들이 이해가 되는 나이가 됐다.

무라카미 하루키가 말했다. 이별을 제대로 해본 적이 있냐고. 적지 않은 이들에게 이별을 고했지만, 능숙하게 '안녕'이라고 말했던 기억이 거의 없다고. '조금 더 능숙하게 말했다면 좋았을 텐데'라는 생각이 든다고.

이별이 익숙해지는 날이
과연 올까 싶지만,
예상치 못한 이별 앞에서
적어도 그와 마지막 마주했던
순간에 대한 기억이 나쁘지 않기를.
사랑했다고,
당신에게 온전한 집중을 했었고,
후회없이 함께했었다고.

나는 아직도
검정 블라우스를 보면
그날이 떠오른다.

# BLAZER
블레이저

"참 열심히 노력하고 있다고 생각해요. 제가 할 수 있는 만큼 최선을 다 하고 있다고 생각하는데 SNS를 보면 '내가 잘 하고 있는 것인가', '다른 이들은 훨씬 더 행복하게 잘 살고 있구나', 같은 나이에 화려한 집에 멋진 차를 타고 아이를 키우는 같은 엄마인데도 불구하고 저만 고생하는 것 같아 가끔 화도 나고, 속상해요. 또 이런 생각 드는 것 자체에 죄책감이 들기도 하고. 물론 그 답은 알고 있어요. 보지 않으면 되는데 그게 또 안 되더라고요. 왜 그런지, 어떻게 하면 좋을까요?"

SNS에 쪽지가 날아왔다. 공감을 하면서도 현실적으로 도움이 될 만한 이야기가 무엇이 있을까 곰곰이 생각했다. 실제로 SNS가 요즘 모든 문제의 시작이라는 농담 반, 진담 반의 이야기를 지인들과 나눴던 터라 다시 한 번 고민했다.

SNS에 나를 드러낸다는 것. 그리고 누군가의 삶을 은밀히 들여다본다는 것. 힘든 일과를 마치고 집에 들어와 잠들기 전 10분만 봐야지 해놓고는 30분 넘게 스마트폰을 들여다본 경험 한 번쯤은 있다. '나는 저렇게 근사한 드레스를 입고 갈 곳이 없는데 화면 속 이 사람은 화려한 파티에도 가는구나. 뭐 하는 사람일까? 나는 애들 밥 먹이고 겨우 입에 한 숟갈 넣었는데 이 엄마는 매일 이렇게 근사한 맛집에 가서 식사를 하다니. 게다가 되게 날씬하네.' 사진을 보면 볼수록 무의식적으로 떠오르는 물음표와 비교 후 마주하는 좌절감은 참 씁쓸하고 불편하다.

우리는 안다. 스마트폰 화면 속 사람들 역시 '가장 행복한 순간'만을 기록하고 있다는 것. 수없이 찍은 사진 중 한 장이었을 것이고, 전달하고자 하는 목적에 따른 연출된 이미지라는 것도. 하지만 내가 하지 못하는 것을 남들이 하고 있다는 것을 보았을 때 내 마음 한 켠에는 초라함이 자리 잡고 끝없는 비교가 나를 갉아먹고 있다. 그러면 SNS를 탈퇴하고 보지 않으면 된다. 그러나 과연 그만 하는 것이 답일까? 잠깐의 로그아웃은 나의 통제력과 짧은 시간의 회복에 도움이 되겠지만 근본적인 비교에 대한 헛헛함이 나아질 수 있을까?

살아가면서 나에게 기억되는 것들. SNS뿐만 아니라 생활을 하면서 마주하는 사람들과 상황 중 나를 불편하게 하는 것들 사이에는 분명 공통점이 있다. 그 당시 내가 부족하거나 채워지지 못하는 욕구들을 건드리는 무엇인가 있었다는 것. 그렇기에 내가 어떤 상황에서 자극을 받고 있는지, 나를 쓸쓸하게 만드는 것이 무엇인지 정리해봐야 한다. 접하면 접할수록 편치 않게 하는 것들이 어떤 주제로 묶일 수 있는지 생각해본 다음 '왜'에 대해 생각한다.

내가 지금 살이 많이 쪘는데 날씬한 이들을 보고는 운동을 결심하기는커녕 자포자기하지는 않았는지. 사회생활을 다시 시작하거나 사업을 해보고 싶은데 아직 용기가 나지 않는데 잘나가는 사업가들을 봤을 때 초라해지지는 않았는지. '왜'는 나의 불편한 진실을 알 수 있다. 나를 알아가는 것 역시 쉽지는 않겠지만 이 과정을 거치고 나면 자극에 대한 노출의 적정선을 스스로 조절할 수 있는 힘이 생기게 된다. 내가 채워야 하는 것은

SNS의 사진을 통해서가 아니라, 실제로 내가 움직이고 행동하고 바뀌어야만 메울 수 있다는 것을 알기 때문이다.

블랙 블레이저가 사고 싶어 한참 동안 인터넷을 뒤적거리던 때가 있다. 오래 입을 아이템을 찾고 싶어 비용을 어느 정도 들일 생각을 하니 선택 장애가 왔다. 다양한 브랜드의 제품들을 찾아보고 누군가가 입은 멋드러진 사진들을 찾아보며 나름 상상했다. 비교 끝에 얻은 결론은 아무것도 고르지 못하고 직접 입어보러 결국 매장으로 향하는 것이었다.

그중 금장 단추가 있는 클래식한 블레이저를 선택했다. 금장 버튼이 불꽃처럼 타오르게 빛나서blazing, 블레이저라 불리게 됐다는 이야기가 생각나서다. 물건도, 사람도 각자만의 가치 있는 스토리가 있다. 비교가 아닌 고유의 절대 가치를 인정해주는 것. 보이지 않더라도 볼 수 있는 힘을 가지는 것.

어떤 것이
자신에게 어울리는지
알기 위해 노력하는 이들에게
나는 매력을 느낀다.
그들은 개성을 잃지 않으며
스타일리시하다.

비비안 웨스트우드Vivianne Westwood, 패션 디자이너

# BACK PACK
백팩

나의 첫 번째 직업은 아나운서다. 나의 첫 책 표지에 '배낭 멘 아나운서'라는 말이 적혀 있었다. 아나운서와 배낭. 왠지 모르게 상반된 이미지는 사람들의 궁금증을 불러일으켰다. 일을 왜 해야 하는지, 살면서 사람들에게 일이란 어떤 의미인지 궁금하여 사람들을 찾아 나섰던 나의 이야기에 출판사에서는 배낭 멘 아나운서라는 슬로건을 걸어주었다. 하긴 배낭 하나로 즐거운 일도 많이 생겼다. 학교 졸업 후 가진 나의 직업 외에 '내가 무엇을 할 수 있을까?'라는 궁금증에서 시작된 인터뷰. 인터뷰이를 만나러 갔다가 오히려 내가 많은 질문을 받았다. 내 등 뒤의 배낭 때문이었다. "그 가방 안에 뭐가 들어 있어요?"

그렇게 해서 인터뷰를 시작하고 그들의 공감대와 끄덕거림은 한층 분위기를 편하게 해주었다. 슈트 차림에 풀메이크업에 하이힐을 신고도 등 뒤에는 어김없이 백팩을 매고 있었으니까.

학교 졸업 후 사회생활을 시작하고 생각보다 이른 나이에 결혼을 하고 계획보다 빨리 아이를 낳고 나서 서른에 다시 시작된

## 두 손의 자유를 포기할 수 없다

'나'에 대한 고민들. 일도 육아도 다시 시작한 공부도 아이가 아플 때면 '굳이 이렇게까지 모두가 고생을 해야 하는가. 나의 욕심이 아닌가?' 하루에도 수십 번 온갖 감정들이 머릿속을 휘저었지만 마음을 다잡을 수 있었던 것은 뜻밖에도 다른 사람들이 나에게 던지는 가방에 대한 질문이었다.

그 가방 안에 무엇이 들어 있냐고. 그것은 내게 꿈이 무엇이냐고 묻는 것과 같았다.

노트북, 몇 권의 책, 그리고 메모용 노트. 헤지고 늘어진 나의 백팩에는 나의 앞날에 대한 열정과 호기심, 설렘과 두려움이 담겨 있었다. 걷히지 않은 안개 속을 걷는 듯했던 나는 가방 안에 담겨 있는 가능성에 기대어 엄마와 아내가 아닌 나를 찾아보고 싶었던 것이다. 더군다나 백팩을 메고 느끼는 두 팔의 자유로움이란, 경험해본 사람이라면 누구나 고개를 끄덕일 것이다.

나의 백팩에는 그때마다 포기할 수 없었던 나의 작은 꿈들이 고스란히 들어 있었다.

# PANAMA HAT
파나마햇

19세기와 20세기 초반, 북미와 중미, 남미를 잇는 커다란 무역 도시 파나마는 하루에도 수백 척의 배가 오가고 사람들이 드나드는 활력 넘치는 도시였다. 캘리포니아 골드러시에 동참하기 위해 떠나는 수많은 남자들. 다른 지역으로 이동하려는 부유한 여행객들 손에는 어김없이 모자가 들려 있었다. 실은 이 모자는 에콰도르에서 만들어진 뙤약볕을 가려주기 위한 것이었지만 구매하는 이들은 당연히 파나마를 대표하는 아이템이라 생각했고, 파마나햇으로 불렸다.

전 세계인들이 즐겨 사용하여 대량생산을 통해 만들어지고 있지만 전통방식의 파나마햇은 만드는 과정도 복잡하고 시간도 오래 걸려 유네스코에 그 방식이 등재되어 있을 정도다. 2014년 2월엔 시몬 에스피날이라는 장인이 4천 번 이상의 짜임이 있는 모자를 만들어 세계 기록을 갱신했는데 이를 만드는 데만 8개월이 걸렸다고 한다.

이 사실을 알고 나서부터 나는 뜨거운 여름이 시작될 조짐이 보이면 가장 먼저 파나마햇이 떠오르고, 이 모자를 보면 누군가의 정성이 생각난다. 그래서 이 모자를 쓰는 날에는 나를 위해 귀하게 준비해둔 하루라는 생각에 아침부터 기분이 좋다.

하루를 시작하면서 우리가 바라는 것은 무엇일까? 엄청난 큰 변화? 내가 바랐던 이상적인 세계. 시간이 없는 자에게 갑자기 하루가 48시간이 된다거나 떠나고 싶다고 모든 것을 다 내려두고 홀쩍 떠날 수 있는 비행기 티켓이 생긴다거나 (설령 생긴다 해도 당장 두세 시간 내에 바로 공항으로 달려갈 수 있는 이는 극히 적을 것이다.) 하는 요행을 바라는 것이 아니다. 단지 어제보다 아주 조금씩 나아지고 평안해지기를, 그리고 나의 감정을 파도치게 만드는 그 무엇들에 여유롭게 대처할 수 있는 상태를 유지할 수 있기를. 아주 조금씩 나아짐을 느끼고 한 발 더 내딛게 하는 용기는 나를 바라봐주는 단 한 사람만 있다면 그것이 매직이 된다.

따뜻한 밥 지어 놓고 우리를 기다리는 엄마처럼 누군가의 정성으로 만들어진 물건을 만난다는 건 행운이다.

# TOTE BAG
토트백

　스무 살이 된 내게 또 하나의 기쁨은 손가방. 토트백을 드는 것이었다. 토트백은 크기가 넉넉지 않아서 휴대폰, 지갑, 화장품 파우치 정도를 담으면 가득 찼다. 두 어깨 무겁게 책을 잔뜩 넣고 다녔던 학창 시절을 벗어나고 싶어서인지 스무 살에는 어떻게든 토트백을 들고 정작 수업을 위한 책들은 손에 들고 다녔다.

　앳된 나이에 어울리지도 않는 일자 통바지 혹은 H라인 스커트와 같은 정장 상하의를 구하겠다고 이화여대 뒷골목에 가서 한 달 용돈의 반 이상을 써버리고는 환불할까 고민하던 기억. 그리고 그다음 날 어김없이 한 손에 토트백을 들고, 평평하지 않은 보도블록 따윈 아랑곳하지 않으며 또각또각 소리 나는 하이힐을 신고, 어제 산 정장을 입고는 지하철역에 내려 학교까지 가는 오르막길을 힘차게 올랐다.

　지금 생각해보면 나에게 있어 가장 열심히 최선을 다해 멋을 냈던 시절이었다. 학창 시절 무거운 백팩에서 스무 살의 토트백, 학교 졸업 후 첫 직장의 월급으로 사게 된 명품 가방을 거쳐 아이를 낳고는 일터도 가정도 나들이에도 가벼운 게 제일이라며 이제는 천으로 만든 에코백을 든다. 그리고 차에 사이즈가 다른 가방 두어 개 정도를 늘 상비해둔다.

가방의 목적은 매우 뚜렷하다. 지금 내게 필요한 것을 담아 이동할 수 있게 도와주는 것. 하지만 가방은 용도만으로 설명할 수 없는 신기한 아이템이기도 하다. 가방처럼 여자들의 생애 주기에 따라 다양한 의미를 지니는 물건도 드물 것이다. 그 가장 정점에는 핸드백효과(handbag effec, 자신의 지위 등을 나타내는 패션상품이라는 의미)라는 말이 있었다. 한때 재테크 전략이자, 필수 혼수품이라는 사회 현상으로 명품 가방은 물건을 담는 목적 그 이상의 것을 의미했다. 나를 보여주는, 내가 과연 얼마만큼의 능력이 있는가를 나타내는 상징이 된 것이다. 물론 이 분위기가 지나간 지는 오래. 이제는 각자의 취향과 필요에 따라 소비 패턴도 달라지고 있다.

나는 예나 지금이나 샤넬 백도 가벼운 천 가방도 오래된 나의 가죽 백팩도 다 좋다. 하지만 가방을 대하는 나의 시선이 달라졌다. 지금은 나를 위해 주변 사물들이 존재한다. 나에게 지금 이 순간 필요한 것을 담아낼 수 있는 목적에 충실한 가방이라면 그것이 어떤 가방이든 설령 검정 비닐봉지도 나에게는 최적의 아이템이 된다.

## 물욕 다스리는 방법

**1_** 새로운 물건을 나의 옷장 안으로 들이기 전에 비움에 대해 생각하기

**2_** 되도록 아무리 마음에 들어도 그 자리에서 바로 결제하지 않기

**3_** 경험해보기. 역시 경험해봐야 상대적으로 과하다 싶어도 한 번쯤은 하고 싶은 소비도 경험해보기.

빈 통장에 뼈저리게 후회도 하고 이불킥도 해보고, 또는 오래오래 쓸 수 있는 제품이었다는 소비에 대한 강한 자신감도 가져보는 것. 뭐든 경험해봐야 컨트롤할 수 있다.

# WHITE T-SHIRTS
흰색 티셔츠

미술관 1층 카페. 하얀 벽으로 둘러싸인 이 공간에 앉아 있으니 차 안에서 몇 방울 흘린 흰색 티셔츠의 커피 자국이 신경 쓰인다. 재킷을 여며 어떻게든 가려보지만 그 찜찜한 기분이란. 군더더기 없이 깔끔한, 기본 중 기본인 흰색 티셔츠. 그런데 참 신기한 것은 세상에 흰 티셔츠들이 넘쳐나더라도 적당한 목 파임 혹은 목이 답답하지 않을 정도의 목둘레 사이즈를 찾기란 힘들다. 여기에 왼쪽 가슴에 주머니가 있거나 혹은 없거나. 살에 닿는 보드라움이 기분 좋은 저지 소재인지, 혹은 통풍이 잘 되는 면 소재인지… 은근히 내 마음에 쏙 드는 흰 티셔츠를 찾는 것은 쉽지 않다. 그렇기에 마음에 드는 흰 티셔츠를 찾으면 여러 장을 구비해두는 것이 나만의 노하우다.

오늘 아침 중요한 미팅이 있어 역시 내가 애정하는 이 흰 티셔츠를 골라 입고, 검정 재킷을 입고 집을 나섰다. 김동률의 노래를 들으며 기분 좋게 커피 한 잔 테이크아웃. 그리고는 정지 신호에 한 모금 마시려다가 커피 몇 방울이 떨어졌다. 이런 날일수록 유리창에 내가 비칠 때마다 커피 자국이 더 크게 보인다. 흰색 티셔츠는 깔끔함이 9할인데 나는 선택해야 한다. 재킷을 여미며 대충 가리고 들어갈지, 아니면 5분 정도 늦더라도 화장실로 달려가 얼룩을 지워야 할지.

나는 바로 미팅 장소로 향했다. 재킷을 최대한 당겨 여미면서. 개운치는 않지만 그래도 중요한 미팅을 잘 끝내고 나와 여유가 생겼다. 이제 나의 두 번째 선택 미션이 주어진다. 이 얼룩이 잘 지워지지 않는다면 옷장 속에 남길 것인지, 옷장 밖으로 퇴출시킬 것인지. 아끼는 옷일수록 나의 실수로 얼룩이 생겨버려 이런 선택을 해야 하는 날이 오면 참 슬프다. 그렇기에 한참을 얼룩을 지우는 방법을 검색해보기도 한다.

얼룩을 남겨둔다는 것.
혹시 모른다. 나의 흰 티셔츠는 커피를 흘리기 전의 깨끗한 상태로 돌아갈 수는 없겠지만 나만 아는 희미한 얼룩으로 남아 그 티셔츠를 입으면 뜻밖의 좋은 성과를 내며 기분 좋게 걸어 나오던 미술관 하얀 카페가 떠오를지도.

## 얼룩

**1_** 다른 빛깔의 점이나 줄 따위가 뚜렷하게 섞인 자국.

**2_** 액체 따위가 묻거나 스며들어서 더러워진 자국.


깨끗하게만 유지하고 싶었던 흰 티셔츠에 떨어진 몇 방울의 커피 얼룩도 속상한데 나에게 남겨진 기억의 얼룩은 어떻게 지워야만 할까?

김병수 정신과 선생님께 물었다.

과거의 지워버리고 싶은 인생의 얼룩은 어떻게 해야 하나요?

어린 시절의 충격이나 정서적 기억들은 아쉽게도 잘 지워지지 않습니다. 비슷한 상황이 발생하면 어제 일처럼 다시 떠오릅니다. 도움이 될 수 있는 방법은 하나, 과거의 이야기를 털어놓는 것입니다. 그래야 해결이 되거든요. 과거의 경험을 재보유해보는 것. 어쩔 수 없더라도 힘들더라도 이야기하는 과정이 쉽지 않아도 이야기하는 경험이 필요합니다. 스스로가 소화시키기 위해서 털어놓고 객관화하고 의미가 있었구나 하는 통찰을 얻어야 합니다.

# BLACK TURTLENECK

검정 터틀넥

터틀넥. 터틀turtle(거북)과 넥nsck(목)의 합성어. 대부분의 사람들이 한 벌쯤은 가지고 있는 아이템. 보드라운 캐시미어로 만들어진 감촉 좋은 터틀넥 하나만 있어도 가을, 겨울이 걱정 없다. 하나만 입어도, 셔츠 안에 받쳐 입어도, 때로는 재킷 안에 무심하게 입어도 우아하고 세련된 분위기로 연출해주는 굿 아이템이다.

터틀넥의 역시 꽤 오랜 역사가 있다. 중세 때 쇠사슬로 엮은 갑옷에 피부가 쓸려 상처가 날까 봐 목을 보호하기 위해 목이 긴 옷을 입은 것이 시작이다. 목은 신체 부위 중에서도 체온 조절 능력이 가장 약해 목을 가리기만 해도 체감 온도를 3도 이상 높일 수 있어 19세기에는 바다에서 생활하는 선원이나 해군, 노동자, 운동선수 등이 입는 기능적 역할에 충실한 대중적 옷이었고, 그 후 유럽에서 철학자, 예술가, 지성인 등이 검정 터틀넥을 즐기면서 셔츠와 타이를 대체하는 아이템이 됐다. 특히 긴장감에서 벗어나 자유로우면서도 자신의 의견을 잘 피력할 수 있는 지적인 이들이 입는 옷으로 사랑받았다.

그러고 보면 검정 터틀넥은 언제 어떤 상황에서든 함께해도 잘 어울리는 '제대로' 된 옷이다.

학교 졸업 후 방송국에 있을 때도, 글을 쓸 때도, 비즈니스를 할 때도 늘 내 마음 한 켠에는 '내가 제대로 하고 있는 것인가'라는 의문이 들었다. 성과가 잘 나면 나는 대로, 일이 틀어지고 마음처럼 되지 않을 때에도.

겉포장을 다 벗겨내더라도 그 가운데 있는 본질만큼은 탄탄했으면. 아무도 알아주지 않는다 하더라도 내가 추구하고 담아내고 있는 본질은 단단하여 부서지지 않았으면. 내가 하는 일을 제대로 하고 싶다는 욕구. 이왕 하는 거 잘 하고 싶은데 하는 생각이 커지면 커질수록 조바심이 났다.

터틀넥을 입는 날은 긴장보다는 내적인 편안함이 하루 종일 함께한다. 목부터 감싸는 보드라운 감촉이 긴장을 풀어도 된다고, 결국 중요한 것은 '나'라고 계속해서 이야기하는 것 같다.

# TRACK SUIT
트레이닝복

　서른 즈음에 시작한 글쓰기. 왜 글을 쓰고 싶었냐고 묻는다면 '나답게' 살고 싶었다고 답한다. 내향적 사람이 외향적 사람과 연애하는 기분이랄까. 이 두 가지 성향이 함께 있기에 일상이 바빠지면 바빠질수록 나만의 고립된 시간이 절대적으로 필요했다. 그렇다고 타인들과 있는 시간을 즐기지 않는 것도 아니다. 다양한 이들의 이야기 속에서 느끼는 것이 많기에 스트레스는 아니었지만 문제는 그 후였다.

　외적인 활동을 하고 난 후 머릿속에 둥둥 떠다니는 수많은 정보와 영감들을 정리하는 때를 놓쳐버리면 순간 말이 없어진다. 소화를 시켜야 하는데 소화는커녕 계속 쌓여만 가는 기분이 나를 힘들게 했다. 나만의 방식으로 소화시키는 것. 내가 선택한 것은 바로 글쓰기였다. 글을 잘 쓸 수 있을지, 어떠한 계산도 확신도 없었지만 이것이 아니면 안 됐다. 하루에 한두 시간만이라도 작업을 하게 해준다면 이 외의 다른 어떠한 일도 수월하게 잘 해낼 수 있었다. 글을 통해 전업작가가 될 수 있을 정도로 경제력이 생긴다면 얼마나 좋을까 싶지만 현실적으로는 불가능하다.

그렇다면 지금 내가 할 수 있는 일은 하나, 지금의 비즈니스 능력을 유지하는 것. 둘, 책을 통해 이어갈 수 있는 콘텐츠 영역에 도전하는 것. 셋, 내가 만족을 느끼는 소비의 영역을 최소화시키는 것. 마지막으로 일정한 속도와 강도로 글 쓰는 작업을 지속적으로 수행할 수 있는 지구력을 키우는 것. 원고 마감 때의 스트레스에 어느 정도 견딜 수 있는 기초체력이 몸에 배도록 하는 것이다.

고백하자면 매우 규칙적으로 열심히 운동하는 시기를 지나요 몇 달 숨쉬기 운동과 산책 정도로 이어가고 있다. 아직까지도 운동에 기복이 있는 것을 보니 지구력을 키우기 위한 운동이 나의 일상에 완전히 자리 잡은 것은 아닌가 보다. 오늘은 새로 산 트레이닝복을 입고 어서 한강에 나가야겠다. 지구력 기르기 1일차를 다시금 시작해야겠다.

# BOOTS

부츠

'Nothing grows under a tall tree. I am a little acorn and you are a great oak. I have to leave you to survive.'

십 년 동안 발렌시아가Balenciaga 밑에서 재단사로 일하던 앙드레 쿠레주André Courrèges는 어느 날 큰 결심을 한다.

'큰 나무 아래에서는 아무것도 자라지 못합니다. 저는 작은 도토리나무고, 당신은 거대한 참나무입니다. 제가 살기 위해서는 당신을 떠나야 합니다.'

하지만, 쿠레주에게 발렌시아가는 야속하게도 아무 말도 하지 않았다. 그 후 기회가 있을 때마다 쿠레주는 이 주제를 가지고 계속해서 이야기했지만 발렌시아가는 들은 척도 하지 않았다. 그렇게 3년이 흘렀고, 그제야 발렌시아가는 입을 열었다.

'Are you leaving? Do you need money? I'll give you some. Do you need help with administration? I'll send you my manager. Do you need clients? I'll send you clients.'

"내가 모든 것을 다 도와줄게."

묵묵부답이던 발렌시아가가 쿠레주의 독립을 허락하면서 경제적으로, 사업을 확장시키기 위한 모든 것을 도와주겠다는 매우 뜻밖의 제안이었다. 발렌시아가의 전폭적 지지로 앙드레 쿠레주는 쿠레주룩이라는 신체의 활동성과 자유로움, 건강함을 추구하는 디자인으로 디자이너로서 자리매김하게 됐다. 특히 승마나 궂은 날씨에 신는 기능성에 충실한 부츠를 1964년 컬렉션에 등장시킴으로써 굽이 없고 종아리까지 올라오는 '고고 부츠'를 처음으로 패션 아이템으로 확장시키게 됐다.

만약 그가 용기를 내어 독립하겠다고 말했지만 아무 반응이 없는 탓에 소심해져서 그 후 다시는 이야기를 꺼내지 않았다면, 혹은 마음이 상해 그 자리를 박차고 나와 다시는 발렌시아가를 보지도 않았다면, 그는 일생일대의 기회를 잡지 못했을 수도 있다. 물론 운이 좋았던 앙드레 쿠레주처럼 발렌시아가 같은 지원군을 만날 수 있을지 모르니까 마냥 기다려보라는 답답한 소리

말라고 할 수도 있다. 언제 찾아올지도 모를 기회에 초조하고 불안하고, 이러다가 시간만 흘러가는 것은 아닌지, 돌이켜 보니 더나은 선택이 있었을까 봐 두려울 수도 있다. 하지만 두려움과 불안함과 함께 공존하는 다른 것들이 반드시 있다. 하고자 하는일에 대한 기대와 도전을 생각하면 설렘도 기쁨도 잘 할 수 있을것 같은 자신감도 내 안에 있다. 이중 불안과 두려움을 내 안에몇 번째 우선순위로 두어야 할지 또한 나의 선택이다.

　흑백사진 속 쿠레주룩을 다시 펼쳐보았다. 신발장 앞에 놓여있는 부츠를 보면서 생각한다. 보이지 않는 초조함과 두려움을없앨 수는 없어도 가장 첫 번째 순위로 불쑥 올라오게 하지는말자고.

변화는
살아남기 위한
가장 바람직한
방법이다.

칼 라거펠트Karl Lagerfeld, 패션 디자이너

# RING

반지

사랑하는 이를 만났다. 우리는 그를 통해 즐거움과 설렘, 감동받고 뭉클한 순간을 기대한다. 벅차고 황홀하고 충만한, 유쾌하고 기쁘고 반갑고 행복한, 따뜻하고 포근하며 만족스러운, 평온할 뿐만 아니라 흥미로우며 재미있고 살아 있는 생기가 도는 기대에 부푼 나를 만나게 되고 싶어할 것이다.

진땀 나고 주눅이 들고 막막하고 초조하고 조바심이 난다든가, 긴장하거나 불편하고 거북하며 곤혹스러운, 난처하고 목이 메거나 서글프거나 당혹스럽고 혼란스러운, 민망하고 화가 나며 분하고 짜증나는 상황에 놓인 나를 만나고 싶지 않을 것이다.

이번 사랑은 그렇지 않을 거라 기대하며 사랑을 통해 우리는 인정과 자존감, 신뢰와 자기 존중에 대한 바람을 갖게 된다. 때로는 나 자신의 자율성과 선택, 성장, 정서, 애정, 자기 보호, 돌봄을 받고 협력, 공감, 이해, 수용, 지지, 그에 대한 확신, 가능성, 희망을 품게 되리라는 꿈을 꾸게 된다.

2012년에 구글에서 가장 많이 검색된 질문은 '사랑은 무엇인가?'였다. 진정한 사랑은 정의하기 어렵고 때로는 성취하기도 어렵지만, 많은 사람이 갈구하는 궁극적인 인생의 목표 중 하나로 남아 있다. 사람을 만나고 마주하고 깊어지고 실망하다 헤어지거나 이해하거나 인정하게 된다. 패턴을 뻔히 알면서도 우리는 사랑을 한다.

변치 않는 사실은 완벽한 사람은 없다는 것. 가지 않은 길에 대한 아쉬움처럼 그 누구를 만나도 아쉬움을 있을 거라는 것. 단지 우리는 길고 짧은 것을 비교하며 경험을 통해 완벽한 평안을 만들 수 있는 사이는 아니어도 그것을 대하는 방식, 조금 더 잘 넘어가고 문제를 해결할 수 있는 상대를 찾으리라 기대한다. 그리고 상대방이 변화는 것보다 내가 보는 시각을 달리하는 것이 그나마 쉽다는 것을 배운다.

왼손 약손가락은 심장에 직결되어 있기에 그곳에 반지를 끼던 고대 그리스인의 관습처럼 우리는 지금도 결혼반지를 약손가락에 낀다. 그리고 구속이 아닌 자유와 책임의 의미를 되뇌인다.

내가 잠들기 전
마지막으로
이야기하고 싶은 사람은
바로 당신이에요.

영화 <해리가 샐리를 만났을 때>

# 4

## 성공의 꿈을
## 절대
## 놓아버리지 말 것

HAT
GLASSES
MINI SKIRT
UMBRELLA
SWEATER
CLEANSING LOTION
TWEED JACKET
H-LINE SKIRT
WIDE PANTS
CLOSET

# HAT
모자

1997년 엘렌은 친구의 50번째 생일을 축하하러 가는 길이었다. 일터로 향하기 위해 분주하게 오가는 사람들 사이에서 조용히 중고 옷 가게에 들어갔다. 구경하던 중 그녀는 빨간색 페도라 앞에 멈췄다. 선물로 친구가 좋아할지 확신은 들지 않았지만 7.5달러라는 좋은 가격에 빨간색 모자를 집었다. 선물은 생각보다 반응이 좋았다. 생일 파티에서 빨간 모자 하나로 그 어느 때보다 유쾌하게 웃고 있는 친구들을 기억하고는 그날 이후부터 수 엘렌은 50살 생일을 맞는 친구들에게 빨간 모자를 선물했다. 이것이 THE RED HAT SOCIETY의 시작이다. 빨간 모자에 보라색 외투를 걸친 여성들의 모임인 THE RED HAT SOCIETY는 미국 작은 도시에서 시작된 후 현재 전 세계 4만 개 지부가 개설되었다. 그녀들은 말한다. 빨간 모자 덕분에 활력을 찾게 되었다고.

우리는 변화를 원한다. 그리고 변화를 원한다고 말한다. 미국 작은 시골 마을 그녀들의 일상에 작은 일탈은 50번째 생일 빨간 모자를 통해 찾아왔다. 만약 수 엘렌이 스무 살이었던 시절, 젊었지만 무엇을 해야 할지 몰라 방황하던 그때 같은 선물을 받았어도 THE RED HAT SOCIETY가 탄생했을까? 흔히들 말한다. 젊다는 이유로 모든 것이 용서됐던 이십 대를 지나 수없는 선택과 집중을 해야 하는 삼십 대를 가까스로 넘기고 한숨 돌리고 나니 마흔이 쉰이 훌쩍 넘었다고….

나이 '쉰'에 스스로의 방식으로 삶을 만들어낸 그녀들에게 '빨간 모자'의 작은 일탈, 변화는 아마도 응축된 시간의 트리거일 것이다. 반복된 일상 속에 모자를 집어 들고 온 친구의 마음이 보이고, 자신 옆에 웃고 즐거워하는 사람들이 곁에 있다는 것을 알아차렸기에 그녀들은 늘 같은 일상에서 변화할 수 있었다.

변화를 위해 필요한 것은 용기, 도전, 열정이라 불리는 추상적인 것들보다 '일상'의 알아차림이다. 굳건한 일상이 자리 잡히기도 전에 부르짖는 변화는 물 위의 용해되지 않은 둥둥 뜬 기름과도 같다.

변화를 원한다면 지금 나의 일상을 단단히 만들 것.

# GLASSES
안경

밤잠을 설쳤다. 작업을 하다가 밤 늦게 침대에 쓰러지듯 몸을 뉘였는데 이내 메일이 왔다. 물론 메일은 내일 아침 확인해도 된다. 하지만 급한 성격 탓에 궁금함을 참지 못하고 본다. 잠든 남편을 깨울까 봐 던지다시피 한 안경을 어둠 속에서 조심스럽게 뒤적거린다. 안경이 없으니 방은 더 깜깜하다. 눈이 잘 안 보이면 귀도 잘 안 들린다. 강한 비가 내리치는 폭우 속에서 운전을 하면서 아무리 와이퍼로 유리창을 닦아내도 앞이 보이지 않아, 마치 혼자 차 안에 고립된 그런 기분이다.

그렇게 몇 분을 뒤적거리다가 벽 사이로 빠진 안경을 꺼내 들고는 메일을 확인한다. 또렷한 선명함에 혼자 안도한다. 불과 얼마 안 되는 시간이지만 보고 싶은 것을 제대로 보지 못할 때의 초조함과 두려움에 여간 답답한 것이 아니다.

인류의 역사상 가장 큰 문화적 충격은 단연 구텐베르크의 인쇄 혁명이다. 구텐베르크가 책을 찍어내면서 역사는 크게 요동치게 됐다. 힘이자 권력이던 정보가 대중에게 넘어가게 되는 말 그대로 혁명 자체였다. 그리고 함께 많은 이들이 갈구한 것은 바로 '안경'이었다. 그 전까지는 눈이 나쁘더라도 사물을 분간할 정도만 되면 그럭저럭 지낼 만했지만 책이 일상으로 들어오면서 눈이 나쁘다는 것은 큰 걸림돌이 되었다. 알고 싶은데 알 수 없는 상황. 혼자만 뒤쳐지게 될 수 있는 위협적인 상황이 되는 것이었다.

책에 대한 갈급이 커져가면 커져갈수록 안경 산업은 빠른 속도로 폭발하게 됐다. 제대로 보이지 않던 것이 명확한 그것으로 다가올 때의 안도감. 새로운 것을 알고 싶어 하는 인간의 본능. 무리에서 도태되고 싶지 않은 욕구를 충분히 충족시켜줄 수 있는 안경은 인류의 역사에 큰 기여를 하였다.

그런데 가끔 경험하는 교정되지 않은 나의 시력으로 보는 세상은 새로운 경험을 하게 한다. 오직 나에게 집중하게 하는 기회. 주말 저녁 휴식을 취할 수 있는 시간, 누군가의 대화에 집중을 해야 한다거나 일을 하지 않아도 될 때, 그리고 이동을 하지 않아도 되는 자리에서는 일부러 렌즈 대신 끼고 나간 안경을 벗고 한동안 앉아 있는다.

　내 눈앞에 흔들거리는 나뭇잎은 수채화 물감이 번진 것처럼 경계가 모호해지고, 앞에 앉아 있는 이의 피부는 주름 하나 보이지 않고 뽀얗기만 하다. 눈이 잘 안 보이기에 사람들의 대화 소리도 한 톤 다운되어 웅성이는 듯하며, 무엇보다 잘 안 보이기에 아예 마음을 놓아버린 나는 긴장도 함께 풀려버린다.

잘 보이지 않고 잘 들리지 않는 나는
현재 나의 상황과 감정에 집중해보는
시간을 갖는다.
때로는 시야가 흐릿할 때,
머리는 더 현명함을 발휘한다.

# MINI SKIRT

미니스커트

스물네 살의 한겨울이었다. 남자친구와 공연을 보러 가기로 한 날 부츠에 미니스커트를 입고 집을 나선 나는 이미 버스에 오르기 전부터 발가락을 움직일 수가 없었다. 다시 집으로 돌아가서 옷을 갈아입고 갈까 하다가 정류장에 도착한 버스에 몸을 싣고는 공연장으로 향했다.

공연이 끝나고 돌아가는 길. 하얗게 일어난 피부는 마른 나무 껍질처럼 앙상해졌다. 떨리는 턱에 힘을 주며 남자친구에게 말했다. 너무 춥다. 남자친구는 너무 춥냐고 묻더니 자기도 춥다며 오리털 점퍼의 지퍼를 턱밑까지 쭉 올리고는 정류장으로 달려갔다.

황당하고도 난감했던 겨울날의 추억. 한참이 지난 지금도 미니스커트를 입은 여자들을 길에서 마주치면 무릎이 시리다.


1960년대는 20세기 패션에서 매우 중요한 시대였다. 호황기의 완전고용 상태에서 정기적 급여를 받는 젊은이들은 '기득권'에 도전할 수 있게 되었다. 이 같은 붐을 타고 새로운 매체와 패션

출판인과 사진작가, 젊고 도전적인 새로운 세대의 디자이너가 등장했다. 이러한 패션 전환기의 중심에는 메리 퀸트가 있었다. 그녀가 만들어낸 미니스커트는 1960년대 '젊은이의 반란youthquake'을 대변하는 대표적 패션 아이콘으로 자리 잡았다.

자기가 좋아하는 것을 입을 수 있는 자유로움. 내게 주어진 자유를 충분히 즐기고 있는지 자문해본다. 만약 내가 60년대 젊은이였다면 지금 나의 자유로움은 당연한 것이 아니었을 텐데 오히려 너무나 풍족하여 당연하게 생각하고 있었던 것은 아닌지. 누군가의 저항과 운동이 지금 이 시대를 만들어줬을 텐데 우리는 종종 그것들을 잊는다.

# UMBRELLA
우산

여덟아홉 살 즈음이었나 보다. 피아노 밑에 기어 들어가 어린 아이의 양손으로 들기도 벅찬 커다란 어른 우산을 두어 개 펼쳤다. 침대 위 이불 한쪽 끝을 끌어내려 피아노 뚜껑 아래 고정시키고는 텐트처럼 세모꼴로 당겨 바닥에 내린 다음 무거운 베개와 몇 권의 책으로 단단하게 지지하면 동생과 내가 오후 한나절은 거뜬히 놀 수 있는 안락한 공간이 생겼다. 특히나 창을 비추는 볕은 패턴이 들어가 화려한 우산을 통과해 방바닥에 무지개 같은 생기를 내려앉게 해주었다. 허리를 굽혀 몸을 작게 만들어 우산 아래 들어가 앉으면 상상 속 어린이를 잡아가는 나쁜 사람이 찾아오든, 〈오즈의 마법사〉에서처럼 한 방에 집을 날려버리는 회오리가 오든 우리를 안전하게 보호해주는 안식처가 되었다.

우산은 나와 내 동생에게만 '안락한' 게 아니었나 보다. 우산의 탄생 역시 이와 같다. 나를 보호해주는 물건. 기원 전, 이집트에서는 천상의 여신인 '누트NUT'로 상징됐고, 뜨거운 태양 볕으로부터 보호하도록 그늘을 드리우게 하는 우산은 귀족들이 누리는 특권이었다. 국가 종교의식에서도 우산이 빠짐없이 등장하는 것도 같은 이유에서다. 우산은 예나 지금이나 나를 보호해주는 안락함을 느끼게 해주는 물건임에 틀림이 없다.

안락함은 이제 평범치 않은 호사스러움이 되었다. 어른이 되고 난 후 나의 안락은 주말 이불 속에서나 마주할 수 있는 일상이 아닌 특별한 무엇인가가 되었다. 다른 요일과의 극명한 대비로 흔히 가질 수 없는 기분. 하지만 가만 생각해보면 일상 곳곳에 순간의 안락이 숨어 있다. 내가 머릿속으로 떠올리는 장면이 아닌 새로운 형식으로 말이다.

추운 겨울 아침, 뜨거운 커피 한 잔을 두 손으로 감싸 안아 창밖을 바라볼 때, 방 안으로 들어가 창문을 닫을 때 갑자기 생기는 세상 밖과의 단절에, 아무도 깨지 않은 새벽 공기와 정적에, 어지러운 책상 위에도 내가 좋아하는 물건들이 나만의 이야기를 이어갈 수 있을 때.

찰나의 순간이 주는 안락을 더 기억해야 한다.

# SWEATER

스웨터

노부부가 강가 벤치에 앉아 있다. 아무 말 없이 두 사람의 눈은 강물의 흐름을 따라간다. 굳이 대화를 나누려 애쓰지 않아도 서로가 괜찮은 사이. 어떠한 대화도 없이 가장 편안한 상태로 같은 방향을 바라볼 수 있는 관계. 꽤나 길었던 정적에서는 오히려 온기가 느껴진다. 뜨거운 애정표현을 하거나 과한 리액션으로 반가운 기미를 보이는 상황에서는 쉽게 발견할 수 없는 무게 있는 온기. 서로의 신뢰가 온기에 무게를 더해 둘 사이의 공기는 가볍게 공중에 뜨지 않는다.

나이가 들수록 건강한 관계에 대해 생각한다. 심심해도 괜찮은 너와 나.

대화 없이 한 공간에 있다는 것은 꽤나 힘들다. 사람의 말은 마음 상태를 그대로 드러내는 것과 같아서 내 머릿속이 복잡할수록 많아지거나 수선스러워진다. 긴장하거나 불편하거나 혹은 내가 상대에게 원하는 바가 있을수록 말과 말 사이, 행동의 연결이 끊기는 듯한 잠깐의 공백은 사람을 어렵게 만든다.

## 때때로 빈틈이 필요하다

　서로에게는 '바람이 통하는 빈틈'이 필요하다. 마치 스웨터 같다. 촘촘하게 짜여진 원단보다 한 올 한 올 살아 움직이는 실로 약간은 엉성하게 얼기설기 짜인 스웨터는 우리의 몸을 숨 쉬게 해준다. 억지로 끼어 맞춰 입는 것이 아니라 내 몸에 툭 하고 걸친 듯한 보드라운 스웨터. 빈틈이라는 것은 각자의 물리적 공간, 정서적 공간을 존중해준다는 것. 아무리 사랑한다 하더라도 각자의 공간을 존중해주며, 내가 알지 못하는 상대의 모습과 생각이 있을 거라는 이해, 그리고 그것을 모두 내가 이해할 수 있다는 것은 애초에 불가능하다는 것을 인정하는 용기를 주는 관계. 이런 관계가 단 한 명만이라도 있다면 참 좋겠다.

　따뜻하고 포근하고 편안하고 느긋하며 그래서 안심이 되어 살아 있음을 느끼는, 심심해도 괜찮은 사이.

# CLEANSING LOTION

클렌징로션

하루의 마지막 스케줄 세안. 먼저 클렌징 로션으로 얼굴에 동그란 원을 그리며 닦아낸 다음 풍성한 거품을 내 마사지하듯 씻어낸다. 세수를 할 때 나이의 수만큼 깨끗한 물로 헹궈내야 한다는 말을 스무 살 적에 들었으니, 이제는 그보다 배로 해야 한다는 부담과 미끌거림 없는 개운함을 원하는 나에게, 세안은 하루의 매우 중요한 마지막 미션인 셈이다. "미션 컴플리트"를 외쳐야 온전한 휴식을 위한 쉼표를 찍은 것이나 다름이 없다.

클렌징은 화장의 역사와 함께 발전했다. 뽀얀 피부가 사교계에서 인정받던 중세 귀족 여인에게 진한 화장을 지우는 일은 필수였다. 아무리 잘 닦아도 여전히 남아 있는 메이크업의 잔여물 때문에 여인들은 비누나 계면활성제를 섞은 제품으로 2차 세안까지 했다.

세월은 한참 흘러 클렌징 제품에는 세안 후 피부 상태를 진정시키는 보습 성분이 포함되기 시작했다. 그런데 이 보습 성분 때문에 느껴지는 미끌거림이 싫어서 필요 이상의 세안을 하게 될 때도 있다. 왠지 개운하지 않을 때가 자주 있다. 손으로 만졌을 때 뽀드득한 상쾌함을 느끼려 씻고 또 씻는다.

세안의 시간이 길어질수록 오늘 하루 동안 나를 스쳐갔던 일들이 떠오른다. 부정적 감정이 가장 먼저 소환된다. 생각할수록 점점 더 크게 느껴진다. '내가 잘 하고 있는 것인가' 반문하며 나의 말과 행동이 오늘 내가 후회하는 일들의 결과를 초래한 것은 아닌지 되짚어보게 된다.

꼬리에 꼬리를 무는 질문에서 'WHY'를 찾지 못하면 마치 잘 닦이지 않은 내 얼굴처럼 개운치 않아 영 찝찝하다. 이 상태로 잠이 들면 WHY의 화살 방향이 나로 향할 때도 있다. 이 얼마나 서글픈 일인가.

WHY를 찾지 못한 상태가 개운하지 않게 느껴질 수도, 그래서 더 뽀드득한 소리가 나는 것처럼 느껴지도록 닦고 또 닦는, 답이 없다면 그만할 때도 되었는데 계속해서 WHY에 대한 질문이 반복되고, 결국 화살표가 내 가슴에 박혀 상처만 입히는 상황.

우리는 개운함의 기준을 달리해볼 필요가 있다. WHY의 답을 굳이 찾을 필요도 없다. 어쩌면 그것이 정답이 아닐 수 있다는 걸 우리는 알고 있기 때문이다.

WHY의 답을 찾지 못해도
괜찮아요.
어쩌면 그 답이 꼭 정답이 아닐 수 있다는 걸
우리는 이미 경험으로 알고 있으니까

# TWEED JACKET

트위드 재킷

"옷을 잘 입지만 특출하진 않아요. 패션에 순종하지도 않죠. 그렇다고 괴상하게 입지도 않아요. 저는 과장된 것을 싫어해요."

스타일이 좋지만 화려하진 않고, 개성이 있으나 자신의 선을 적절하게 지킬 줄 아는 여성. 기자들이 질문한 패셔너블한 여성에 대한 코코 샤넬의 정의는 수십 년이 지난 지금도 적절하다. 샤넬의 시그니처 아이템은 단연 트위드 재킷이다. 실들이 교차하며 만들어내는 원단 특유의 따뜻함은 여성을 우아하게 만든다. 특히 샤넬은 옷이 우아하기 위해서 한 가지를 더 생각했다.

'옷이 우아하기 위해서는 움직임이 자유로워야 해요.'

타인의 시선이 아닌 옷을 입는 자신이 가장 중요하다는 것. 그녀는 움직임의 자유로움을 실천하기 위해 재킷의 어깨 패드와 불필요한 심을 제거했고, 팔을 자유롭게 움직이기 위해서 중간중간 솔기 모양의 디자인을 더하면서 옷을 입는 여성의 활동성을 생각했다. 많은 것을 드러내지 않지만 나를 나답게 있는 그대로 보여주는 옷. 그 당시 사회에 당연시 여겼던 여성에 대한 기준들. 코코 샤넬은 옷을 입는 본인의 자유로움과 활동성이 결국 가장 중요하다며 샤넬의 재킷 재단 과정을 통해 무엇이 중요하고 어떤 것들을 덜어내어야 하는지 삶의 기준에 대해 생각하게 만들었다.

얼마 전에 만난 그림 작가의 질문에 나는 잠시 멈칫했다. "작가처럼 생겼다는 것이 무엇일까요?" 작가처럼 생겼다는 것은 어떤 의미일까? 화려하거나 예쁘장한 이미지가 떠오르기보다는 세상 물정에 어둡고, 트렌드에 민감하지 않은 옷을 입으며, 사생활 노출이 거의 없어 뭔지 모를 신비감이 많을 듯한 사람? 이번에는 그녀가 질문했다. "작가답게 생겼다는 것이 무엇인가요?" 이 질문에는 수많은 답변이 달렸고, 그 답변들을 보고서야 그녀는 마음이 편해졌다. 그야말로 답변을 해준 사람들 머릿속에 있는 작가에 대한 상상은 제각기 달라기 때문이다. '~답다', '~다워야지' 하는 타인의 기준은 내 몸을 꽉 조이고 있는 코르셋과도 같다. 자유를 먼저 기억하라.

"옷으로만 패션을 완성할 수는 없다.

옷을 입은 사람의 가치가 살아야만 한다. "


"나는 내 삶을 창조했다.

이전의 삶이 싫었기 때문이다."


"그 무엇으로도 대처할 수 없는 존재가 되기 위해서는

늘 남달라야 한다."

가난한 어린 시절 보육원에서 바느질 기술을 익힌 가브리엘

코코 샤넬은 1910년 파리에서 모자를 파는 작은 의상실에

서 디자이너로서의 인생을 시작했다. 남성복으로부터 영감

을 얻어 활동성과 우아함을 동시에 지닌 의상을 디자인하며

20세기 패션의 선구자로 기록됐다.

똑똑하며 자신의 위치를 확고히 하는 당당한 여성이 가장

아름답다고 여겼던 코코 샤넬은 우리 인생에서 한 번쯤 들어

봤을 법한 기억해도 좋을 만한 많은 이야기들을 남겼다.

# H-LINE SKIRT

H라인 스커트

정갈하게 일자로 똑 떨어지는 스커트, 구두를 신고 걷고 있었다. 꽤나 오래 걸어가고 있는 것 같은데 목적지에 좀처럼 도착하지 않는다. 다리는 아파오고 치마 아랫단이 좁게 트인 탓에 발보폭도 좁을 수밖에 없는 터라 더 종종걸음이 된다.

친구가 주선한 모임에는 어떤 이들이 나오는지 정확하게 알지 못하지만 분명 반갑고 설레는 만남일 것이다. 마음은 분주한데 내 몸은 천근만근이다. 한 손에는 무거운 노트북 가방이 담겨 있고, 허리춤 사이로 구겨넣은 셔츠 자락이 움직일 때마다 빠져 신경이 쓰인다.

그런데 이상하다. 길을 걸어가는데 다들 무표정하다. 누군가와 마주 보고는 잘 웃다가도 돌아서는 순간 소름 끼칠 정도로 무표정해진다. 기이한 길거리 분위기 탓에 더 걸음을 재촉해본다. 안달이 난다. 하지만 아무도 나타나지 않는다. 나는 어디에도 도착하지 않는다.

순간 잠에서 깼다. 깨는 순간 알았다. 아, 꿈이었구나. 눈을 뜨고는 어떤 상황인지 대충 알 것 같다. 나는 분명 사회 구성원으로 커리어를 쌓기 위해 꿈에서도 여성적이면서 전문성 있어 보이는 H라인 스커트를 입고는 앞으로 열심히 걸어가고 있지만 어디를 향하는지, 그리고 언제쯤 그 끝이 보이는지 알지 못한다.

1950년대나 지금이나 무릎길이의 H라인 스커트는 활동적으로 사회활동을 하는 여성의 심볼이 되었다.

사회생활을 하면 할수록 감정의 롤러코스터는 잦아들지가 않는다. 슬프고 기쁘고 좌절하고 성취의 경험에 흥분한다. 하루에도 몇 번씩 천국과 지옥을 오갈 수 있지만 가끔 아무렇지도 않게 괜찮은 척, 행복한 척하는 스스로의 모습에 놀라기도 한다. 점점 내 자신이 없어지는 기분이 들기도 하지만 매일 해야 할 일들이 산더미처럼 쌓여 있어 내가 가장 잘 하는 일은 감정을 감추는 일일지도 모른다.

나의 빈 공간도 인정할 수 있을 것.
부정적이고 나약한 모습 역시
일부분이라는 것을 이해할 것.

그리고 어떤 모습이든 사랑은
그럼에도 불구하고
좋아하고 신뢰해주는 사람을 찾을 것.

# WIDE PANTS

와이드 팬츠

서둘러 나와야 하는 아침. 마땅히 입을 옷이 없어 와이드 팬츠와 블랙 터틀넥을 꺼내고는 골드 이어링을 바지 주머니에 챙겨 넣는다. 스니커즈를 신을지, 굽이 있는 하이힐을 신을지 식탁에 놓여 있는 요거트 한 스푼을 뜨며 생각한다. 차에서 먹을 바나나 한 개를 챙기는데 엄마가 말씀하신다.

"나 대학생 때 그 통 넓은 바지 엄청 입었어. 커다란 통 폭도 비슷한 것 같고. 네가 입고 다니는 걸 보니 패션이 정말 돌고 도는구나. 옷장 안에 몇 개 남겨두었을 텐데 너 입을래?"

70년대 스타일의 빳빳한 면직물로 된 통바지와 까슬까슬한 모직 원단으로 세월이 더해진 멋스러운 와이드 팬츠가 더 생겼다.

허벅지부터 넓게 아래로 툭 하고 떨어지는 와이드 팬츠는 가끔 스타일링하기 난해하기도 하지만 당당하고 멋스러워 보인다. 특히나 실크 원단으로 만들어 은은한 광택이 도는 바짓단의 스침은 걸을 때마다 기분 좋게 만든다. 엄마 서랍 속 사진. 지금 생각해보면 내가 첫째를 낳았던 나이보다 훨씬 어렸던 때. 화이트

## 엄마는 딸에게 "너무 힘주고 살 필요 없다" 하신다

셔츠에 와이드 팬츠를 입고, 굵게 컬을 넣은 단발머리를 한 엄마는 소녀였다. 엄마의 젊은 시절에 함께했던 물건들이 돌고 돌아 나의 젊은 시절을 채웠고, 인생 주기에 비슷한 상황을 맞닥뜨리며 흔들리고 시행착오를 겪으며 나 또한 걸어간다. 도무지 이해할 수 없었던 기억 줄기 저 끝에 있었던 엄마의 선택을 어느 순간 떠올리며 공감하지 못했던 그때를 후회하기도 한다. 가끔은 '그때 고마웠다'고 말하고 싶어 전화기를 든다.

사진 속 그녀는 이제 예순이 훌쩍 넘어 내게 말한다. '너무 힘주고 살 필요 없어.'

무탈한 하루에 감사하고 만약 예상치 못한 일들이 내 앞에 벌어지면 억지로 돌리려고 애쓰기보다 그럴 수 있다는 생각으로 맞이하란다. 반대로 거스르려 힘을 주다 보면 일상의 순간들이 순식간에 달아나버려 결국 놓쳐버릴 것이라는 걸 이미 알고 겪었기 때문이다. 엄마의 즐겁고 따뜻했던 시절을 함께한 와이드 팬츠를 보며 위로받는다.

# CLOSET
옷장

영화 〈어바웃 타임ABOUT TIME〉의 주인공 팀은 어느 날 아버지로부터 집안 남자들의 놀라운 능력에 대해 듣는다. 옷장과 같은 갇혀 있는 공간에서 두 손을 모으면 자신이 원하는 시간으로 돌아갈 수 있다는 것이다. 뭔가 늘 부족하고 자신이 마음에 들지 않는 팀은 옷장 속에서 수많은 시간여행을 하며 자신의 시행착오를 돌려보려 한다. 깡마르고 키가 큰 팀의 캐릭터 때문인지 그에게 유독 낮아 보이는 옷장은 지나간 과거와 그 시간을 지나 성장한 현재 우리의 모습을 떠올리게 한다.

과거와 현재 그리고 앞으로의 미래를 보여주는 옷장. 가장 사적이고 내밀한 공간.

한여름에도 에어컨 때문에 긴팔 카디건을 입고, 쌀쌀한 늦가을에도 재킷 안에는 반팔을 입게 되면서 의상으로 나누는 계절의 경계가 모호해지고, 옷장 정리의 시기를 한두 번 놓쳐버리면 이내 옷장 안은 뒤죽박죽이 된다. 가끔은 옷장 안 서랍 위 옷을 휙 벗어 던져놓고는 쌓인 옷이 수두룩하여 옷장 문이 잘 닫히지 않지만 그걸 억지로 힘주어 쏟아지지 못하게 하는 경우도 있다.

오랜만에 정리를 하기로 한다.

첫째, 다 쏟아낸다. 쏟아지려고 하는 것을 억지로 문을 닫아 막고 있었다는 듯 시원하게 쏟아낸다. 그 안에서 서로의 무게에 눌려 주름진 옷들이 숨 한 번 제대로 쉴 수 있게 선심을 쓴다. 옷장 안은 나를 들여다보는 기분이다. 옷장 속 물건들을 들여다 보는 것만으로도 충분했다. 구석구석 구겨넣었던 해결되지 않은 난제들이 세상에 나온 기분이다. 귀찮더라도 쏟아냈고, 그것들을 정리할 준비를 한다.

둘째, 사진을 찍는다. 나만의 이름표를 만드는 것이다. 올해 샀지만 두어 번 입고는 왠지 내 옷 같지 않아서, 불편해서 다시 손이 가지 않는 옷들. 오래되고 약간 색이 바라기도 했지만 매해 깨끗하게 세탁하여 자주 찾게 되는 애정이 담긴 아이템을 손이 자주 가는 빈도수에 따라 구분 짓는다. 특히 소중한 가족에게 물려받아 추억 때문에 버리지 못하는 아이템들은 사진을 찍어 나열한다. 사진을 찍는 행동은 나의 추억함을 열고 닫는 일련의 의식처럼 느껴지고, 정리를 훨씬 쉽게 만들어준다. 나만의 레이블을 만드는 과정이다.

셋째, 버리고 다시 넣는다. 입지는 않지만 추억 때문에 어찌할 수 없었던 옷들에 대한 아쉬움은 사진으로 기억하면 한결 마음이 가벼워진다. 그렇게 정리할 것은 정리하고, 매년 손이 가는 옷들은 옷장 속에 정갈하게 다시 개어넣는다. 잘 정리된 옷장 안은 꾸역꾸역 집어넣은 물건 때문에 문이 열릴까 더 이상 조바심내지 않아도 된다.

넷째, 마지막으로 옷장 속 빈 공간을 확보해둔다. 새로운 채움을 위해, 숨을 쉴 수 있는 여유를 위해.

아메리칸 인디언의 전통의식처럼, 청소를 통해 옷장과 같은 나의 내밀한 공간을 정리하면서 나의 과거와 현재가 정리되었다. 해묵은 고민도 길을 찾게 될지 모른다.

우리 모두는 매일 함께 시간을 보내며 여행을 하고 있다. 매일 매일 삶을 여행하며 우리가 할 수 있는 건, 최선을 다해 이 멋진 여정을 만끽하는 것이다. 〈어바웃타임〉의 팀과 그가 사랑하는 메리처럼.

# 5

지금 이 순간,
진심을 다해
아끼고 사랑할 것

SNEAKERS
GLOVES
LAMP
TEA
CASHMERE MUFFLER
SUNGLASS
FRAME
COIN NECKLACE
ALARM CLOCK
BOOK

# SNEAKERS
스니커즈

10cm가 넘는 하이힐을 신고 있다가 스니커즈로 갈아신고 발을 다시 내딛는 순간을 기억하는가? 뾰족한 구두 모양처럼 발등 위 피부가 부풀어올랐다가 갑자기 막혔던 혈관이 거리낌 없이 풀려나는 기분.

'이제 됐다' 싶은 안도감은 머릿속으로 상상만 하더라도 하루의 피로가 풀리는 듯하다. 한 가지 반가운 것은 와이드 팬츠나 화려한 드레스 등 어디에나 매치해도 잘 어울리는 만능 아이템이 스니커즈라서 요즘은 어디에서나 마음껏 신을 수 있다.

19세기 철도산업이 발달하면서 영국에서는 상류층이 아닌 평범한 사람들도 하루 만에 바닷가 여행이 가능하게 되었다. 당시 서민들은 가죽 부츠를 즐겨 신었는데 이 신발은 바닷가 여행에 어울리지 않아 간편한 캔버스화인 샌드슈즈를 신기 시작했다. 이런 흐름에 맞춰 '프림솔plimsolls'이라 불리는 바닥이 고무 소재인 캔버스화가 나왔고, '살금살금 걷는 사람'이라는 뜻의 스니커즈로 발전했다.

두 아이를 낳고 약해진 발목 탓에 긴장하게 만드는 신발을 신고 밖으로 나서면 스니커즈를 갈망한다. 세계에서 가장 많은 수량이 팔린 컨버스 사의 제품부터 메종 마르지엘라의 일명 독일군 스니커즈까지. 매 시즌 스니커즈의 디자인이 어떻게 더 새로워질까 싶지만 어김없이 디자이너들은 반짝이는 아이디어를 더한다.

발뒤꿈치가 닿는 부분의 깊이를 달리하여 착화감을 조정하기도 하고, 스팽글로 전체를 감싸거나 뒤축이 없는 슬리퍼와 같은 형태로 디자인을 변형시키기도 한다. 어떤 모양이든 스니커즈의 목적은 하나다. '발의 긴장을 풀어 가장 편안한 상태로 만들어줄 것'.

살다 보면 예상 밖의 긴장을 부르는 순간도, 너무나 짧은 찰나에 아찔하게 만드는 순간도 만난다. 면접을 본다거나, 간절히 바라왔던 일의 결과를 좌지우지할 수 있는 결정적 순간. 특히 나의 행동에 따라서 당락이 좌우될 때, 혹은 매우 좋아하거나 매우 싫어하는 누군가와 마주쳐야 할 때 나만의 긴장을 풀어주는 방법에 대해 생각해본다.

일본에서는 손바닥에 사람 인人 자를 세 번 쓰며 무엇에 집중하도록 가르친다. 자신만의 방법 찾기. 자신이 좋아하는 향이 배인 손수건을 갖고 다니다가 긴장하는 순간이 왔을 때 향으로 긴장을 풀어주거나, 들숨과 날숨의 느낌에 집중하여 자신을 컨트롤해보기도 한다. 숫자를 거꾸로 세거나 나만이 주문을 외워보는 등 긴장하여 암전이 되고 마는 자신을 향해 '괜찮다'는 신호를 주는 것이다.

오늘은 힐을 벗고 스니커즈를 신어라.
청바지가 아니라고 걱정할 필요 없다.
　　미니스커트에도 와이드 팬츠에도
플로럴 롱원피스에는 더 잘 어울린다.

# GLOVES
장갑

옷장 정리를 하면서 나에게 가장 큰 고민은 바로 '짝'을 이루는 물건들이다. 양말과 장갑. 한 집에 여섯 식구가 북적이며 살고 있으니 한 번 세탁기를 돌리면 쏟아지는 양말 더미들은 우물에서 물을 긷듯 허리를 숙여 꺼내야 한다.

서너 번 세탁기와 거실을 왔다 갔다 하며 방바닥에 쏟아부은 양말들의 짝 맞추기도 한참이 걸린다.

장갑은 시즌 한정 아이템이다. 선물 받은 가죽 장갑. 내 마음에 쏙 들어 약간의 무리를 해서 구매했던 오렌지색 장갑, 털실로 짠 벙어리장갑부터 아이들 방수용 장갑까지. 세 계절 동안 박스 안에 보관되었던 장갑들. 일 년에 4분의 1 정도만 함께하는 장갑은 봄이 되기 전 잘 정리하지 않으면 기억에서도, 내 공간에서도 잃어버려 그다음 해 남은 외로운 한 짝만 들고 이내 아쉬워한다.

나에게 장갑은 추운 겨울날 손을 보호해주는 아이템으로 가장 먼저 떠오르지만, 결혼식 때 초의 불을 켜기 위해 어머니의 손에 하얀 장갑이 껴 있었고, 죽어가는 나무의 가지를 정리하기 위해 면장갑을 껴 거친 나무껍질을 매만졌다.

엘리자베스 1세의 장갑 사랑도 유명하다. 자신의 아름다운 손을 돋보이게 만들기 위한 도구로 장갑을 사용했는데 무려 2천 켤레 이상을 가지고 있었고, 장갑에 향수를 뿌리기도 했다.

중요한 의식을 위해 예를 갖추는 목적이든, 손을 보호하는 역할에 충실하든, 자신의 아름다움을 표현하기 위한 수단이든 장갑에는 묘한 매력이 있다.

장갑을 끼고 있을 때는 아늑함과 보호받고 있다는 느낌을 받으면서도 장갑 안에 습기라도 차게 되면 그 답답함은 말할 것도 없다. 장갑을 벗는 순간의 해방감과 함께 연약한 피부의 닥칠 추위와 상처의 위협에 불안해진다.

즐거움과 지루함. 새로운 유형의 즐거움에 우리는 본능적으로 쾌감을 느끼고 즐거워하지만 반복적으로 같은 일이 발생한다면 우리는 이내 익숙해지고, 결국 지루해한다. 그러고는 새로운 즐거움을 향해 찾아간다.

우리의 모든 순간은 '짝'을 이루고 있다.

양날의 칼이 아닌
앞뒤 모두 나에게 감사가 되어주는
그런 순간들.

# LAMP
조명

이사를 하거나 집안 분위기를 바꾸고 싶을 때 가장 먼저 조명을 떠올린다. 식탁 위 은은하게 퍼져가는 조명은 보통의 한 끼 식사를 정갈한 위로의 식탁으로 바꿔주고, 침대 옆 테이블 조명은 안전한 공간에 들어왔다는 안도감의 신호라 몸이 인식했다. 오랜 이야기를 담고 있는 조명은 집안의 훌륭한 오브제로서 미적인 아름다움을 담당하며 우리에게 보는 즐거움을 선물한다.

'빛'은 삶의 질을 결정짓는 중요한 요소이다. 이뿐인가. 어둑한 숲길에서, 산 속에서 희미하게 보이는 빛은 길을 잃고 망연자실하던 사람에게 절대적 희망이 되고, 성냥팔이 소녀가 바라본 가족들 웃음소리 가득한 벽난로가 보이는 집안의 풍경은 누군가에게 동경의 대상이 된다. 이렇게 빛은 희망이고, 편안함이자 따뜻함, 살아 숨쉬는 삶을 의미했다

빛보다 어둠이 더 많던 시절, 빛은 절대적이었다. 하지만 지금 거대하고 분주한 도시에서는 서로 더 밝다고 경쟁이라도 하듯 점점 더 밝게만 발광하는 빛 공해가 가득하다. 오랜만에 만나는

시골의 깜깜한 하늘과 가로등 없는 오솔길을 가봐야 '빛'의 소중함을 알게 된다.

우리의 인생에도 빛과 어둠이 있다. 하지만 스스로의 빛은 자신이 잘 보지 못한다. 서로 경쟁하듯 뽐내는 타인들의 빛에 가려 희미하지만 은은하게 빛나는 나의 빛은 보이지 않는다. 다른 이들의 불빛은 더 아름답고 찬란해 보이고 내가 스스로 내는 빛은 보잘것없어 보이는 것, 마치 다른 이들에게는 관대하고 나에게는 엄격하고 만족할 줄 모르는 나의 모습과 같다.

어둠이 존재하므로, 나의 빛나는 부분이 더욱 소중한 법이다. 또한, 나의 모습을 인정해주는 이만이 더욱 지속적으로 불을 밝힐 수 있다. 빛나는 나의 모습을 찾아보는 몇 가지 방법을 소개한다.

✦ 목표를 낮춘다. 만족과 성취에 대한 경험은 새로운 도전을 찾게 되고, 쉽게 실천하는 용기를 얻게 된다. 세상을 깜짝 놀라게 만들 작품이 목적이 된다면 작가는 모든 작업이 매우 고통스럽고 숨이 찰 것이다. 빛이 될 작품은 절대적 시간의 가치가 필요하다. 그 길에 들어섰다면 단계별 목표를 낮추고 만족과 성취에 대한 경험으로 즐겁게 버티는 힘을 키운다.

✦ 성취와 긍정적 감정을 느끼는 그 순간을 기록한다. 우리는 생각보다 긍정

적 순간의 기억보다는 부정적 감각에 더 열려 있다. 자신을 보호해야 하기 위한 본능이기 때문에. 그렇기에 긍정적 감정을 느끼는 순간 역시 기록하고, 그 안에서 공통점을 찾아낸다면 자신을 만족하게 만드는 나만의 욕구들에 대해서, 그리고 내가 잘 할 수 있는 것에 대해서 알게 된다.

✚ 나만의 의식을 만든다. 남들에게는 관대하고 자신에게는 한없이 엄격한 당신에게 스스로를 토닥일 수 있는 나만의 의식을 만들 것.

# TEA
티

물을 끓인다. 차를 우린다. 티백을 위 아래로 서너 번 움직였더니 불그스름한 잉크를 떨어트린 것처럼 천천히 퍼져나간다. 내가 우린 홍차는 미각을 자극하기 전에 향으로 가장 먼저 뇌에 도달한다. 향은 그 순간 긴장을 녹게 한다.

영국 빅토리아 시대에 홍차는 만병통치약이라 불렸다. 영국에서는 유명한 일화가 있다. 다급한 일을 처리하다가 시계가 오후 네 시를 가리키자 "오, 맙소사, 차 마실 시간이군. 큰 사건이건 말건 차 마실 시간을 방해할 수 있는 것은 아무것도 없지"라고 말할 정도로 영국 사람들의 차에 대한 애정은 대단하다.

문화인류학자 케이트 폭스는 이렇게 말했다. "영국에서는 지금도 차를 통해 기적과 같은 약효를 기대한다, 차 한 잔이 두통을 완화시켜줄 뿐만 아니라 타인에게 상처받고 소중한 이들과의 이별 등 정신적 아픔도 보듬어주는 약이라 믿는다. 경제적으로 가장 부흥했으나 산업화의 그늘 속에서 육체와 정신이 온전히 건강하지 못했던 빅토리아 시대의 사람들에게서 이어져온 삶의 태도일 것이다.' 아마도 이러한 이유로 상류층에서 시작된 차 문화는 서민들에게까지 빠르게 퍼져갔고, 무엇보다 소중한 그들의 문화로 자리 잡았다.

예나 지금이나 사람들은 여전히 육체와 정신의 건강을 갈망한다. 제인 오스틴이 살았던 소설 속 배경이 되는 그때나 지금이나 스스로가 어찌할 수 없는, 나 자신을 둘러싼 외적인 환경의 압박과 순간의 갈등은 여전히 같다. 그래서 우리는 외부로 뻗어 있던 시선들을 내 안으로 돌리는 시간, 즉 혼자만의 시간이 필요하다. 잠시의 산책이 될 수도, 뜨거운 샤워기 물줄기 아래 서 있는 것일 수도, 일상에서 벗어나 아무도 없는 곳으로 여행을 떠날 수도, 따뜻한 홍차를 누군가와 나누거나 홀로 찻잔을 두 손으로 감싸고 온기를 느낄 수도. 모두에게는 각자의 방법이 필요하다.

자신을 사랑하는 방법은 다양하지만 가장 중요한 것은 자신이 원하는 그 순간에 도달하는 시간의 길고 짧음이다. 당장 실천할 수 있는 것. 나만의 처방전이 필요하다.

## 티 테라피 TEA THERAPHY

티를 끓이는 동안
끓는 물 소리에 집중해볼 것.
티를 우리는 동안
뜨거운 물 안에서의
퍼져나감을 지켜볼 것.
1초 만에 뇌에 도달하는 향을
충분히 음미할 것.
내가 기분 좋은 자극을 받는
홍차의 종류를 하나쯤은
기억하고 있을 것.

# CASHMERE
# MUFFLER
캐시미어 머플러

결혼한 부부에게 가장 많이 요구하는 것은 바로 문제 해결력이다. 결혼 후 태어난 아이들, 살아온 방식이 다른 양가 부모님, 형제자매 등 이 세상 모든 가족에게는 신기하게도 끊임없이 해결할 문제들이 산적해 있다. 지금 당장 해결해야 할 일, 비교적 시간적 여유가 있지만 그래도 언젠가는 끝내야만 하는 일, 가족이든 가까운 친척이든 사건 사고란 있기 마련이다. 여기에 시시때때로 덕담과 위로를 나눌 일 등이 줄줄이 대기 중이다. 수많은 타인이 내 삶에 노크 없이 계속해서 들이닥친다. 높은 문제 해결력은 강력한 팀워크를 키워주기도 하지만 대부분 본인 스스로도 마주치기 싫은 감정의 민낯을 계속 보게 되며 또 이 모습을 상대에게 보이며 상처를 받고 주게 된다.

뜨거웠던 사랑은 서서히 식어간다. 가끔은 생각한다. 집안의 목소리 큰 사람의 의견을 따르는 것이 차라리 속 편하겠다고, 하지만 사람은 결국 자신이 선택할 수 없는 인생은 인형 줄에 팔이 걸린 꼭두각시처럼 마음도 인생도 텅 비게 된다.

그렇기에 '결혼 후 어떻게 하면 뜨거울 것인가'보다 '어떻게 해야 적당한 온기를 오랜 시간 지속할 수 있는가'에 대한 노력이 필요하다. '적당한 온기'라는 것은 '그럼에도 불구하고' 함께 살 수 있다는 신뢰와 용기, 서로에 대한 인정이다.

적당한 온기가 오래 지속되기 위해서는 가족이든 타인이든 나와의 적당한 거리 두기가 필요하다. 아무도 나의 인생을 대신 살아주지 못한다. 결국 선택은 내가 하는 것이고, 그것에 대한 책임은 나에게 있는 것이다. 나의 중심을 휘어잡고 흔들어버리려고 한다면 귀는 열어두되, 내가 설득되지 않는다면 가족이어도 거리가 필요하다.

그리고 거절할 줄 알아야 한다. 부정적인 말을 할 줄 알아야 한다. 머릿속에서는 그게 아니라고 외쳐도 내 입에서는 정작 그 말이 나오지 않는다. 착한 아내, 좋은 며느리, 딸, 엄마로 내 속은 병들어간다. 나도 모르게 서운한데? 나도 모르게 슬퍼지는데?

'상황은 알겠지만 저는 못할 것 같아요.' 이렇게 거절의 말을 꺼내는 연습을 해야 한다. 거절도 연습이다. 처음에는 어렵지만 한번 내 입으로 말하면 그다음에는 조금 더 수월해진다.

나의 마음 상태를 인지하고, 이것을 상대에게 전할 수 있는 것. 적어도 부부의 연을 맺은 이에게는 무조건적 희생은 적당한 온도를 지키기 위한 것이 아님을 알아야 한다. 온기를 지키기 위해서는 희생이 아닌 노력이 필요하다. 온기를 오랜 시간 지속하려면 끊임없이 움직여야 한다.

겨울의 필수 아이템 캐시미어 머플러에는 고가의 코트와 비교할 수 없는 따뜻한 마음과 섬세한 배려가 담겨 있다.

불안전함 속에
아름다움이 있다.
불균형과 비대칭이
나는 더 편하게 느껴진다.

레이 카와쿠보Kawakubo Rei, 패션 디자이너

# SUNGLASS
선글라스

선글라스 매장에 서서 고민한다. 이걸 사? 말아? 고글에서 영감을 받은 듯한 내 얼굴의 절반을 가려주는 청록색 선글라스가 보기만 해도 시원하다. 머릿속에서는 이미 선글라스를 끼고 휴양지 선 베드에 누워 있다. 일 년을 기다린 여름휴가를 위해 딱이지만 그 일주일의 시간 말고는 쓰고 나갈 일이 딱히 없을 것 같다. 마음의 소리는 계속해서 말리거나 부추긴다.

좀 더 생각해봐야지 하고는 한 바퀴 도는 동안 이걸 누가 쓰고 다니나 싶어 보이는 선글라스를 구경했다. 레이저 광선이 나올 듯한 양 눈이 하나로 길고 가늘게 연결된 선글라스, 안경 위에 노란 연필을 얹힌 할로윈 코스튬 같은 선글라스도 있다. 레이디 가가의 옷 방에서 많이 볼 듯한 제품들을 구경하고 나서 질문은 다시 나에게 돌아왔다.

한 번쯤 질러? 나중에 후회하지 말고 클래식한 아이템을 사야 하나?

매일 똑같은 하루에 지루해하는 당신에게는 분위기를 전환할 만한 그 무ㅎ엇인가가 필요하다. 나 대신 질러주는 다른 이들을 보며 대리만족을 하기도 하지만 그 감정은 오래 가지 않는다. 오히려 헛헛해진 내 마음은 현실에 더 답답하게 할 뿐이다. 가끔은 생각이 먼저 바뀌는 것보다 행동의 변화를 먼저 해보는 게 가슴 속 청풍을 불게 만든다.

모두 원한다.
어딘가 도망칠 곳을.
무언가 색다른 것을 모두 원한다.
고민하지 말고,
이번에는 조금 과감하다 싶은
선글라스를 사보는 거야.

# FRAME
액자

하얀 입김이 선명하게 보이는 아침이다. 춥다. 많이. 작업실에
들어와 가장 먼저 물을 끓인다. 벌써 이 공간에서 사계절을 보냈
다. 시멘트 회색 벽에 내려앉는 볕의 낯선 각도가 참 마음에 들
었던 봄. 아스팔트 지열이 눈에 보일 정도로 너무나 뜨거웠던 여
름을 지나 작업실 책상 위 감기약과 타이레놀이 잔뜩 쌓였던 가
을을 서둘러 보내니 어느덧 12월이다. 오래된 나무 책상 뒤에는
선반 하나가 있다. 네모난 검정 스피커, 친구가 독일의 작은 도
시 드라스덴의 중고 책방에서 어렵게 구해준 앤디 워홀의 아트
북. 고지서를 꽂아두는 서류 폴더와 빈티지 촛대 두 개. 손때 묻
은 20여 년 된 액자 몇 점이 놓여 있다. 이중에서도 작업실에 들
어오는 이들에게 질문을 받는 물건은 뜻밖에도 아무것도 채워지
지 않은 채 놓여 있는 오래된 나무 액자다.

"이거 왜 비어 있어요?"
작업실에도, 집에도 빈 액자가 있다. 가끔은 화장대 위에, 때

로는 삐걱대는 계단을 대여섯 개 올라왔을 때 나의 시선과 평행을 이루는 선반 위에 올려져 있는 빈 액자.

내 눈에 보이는 채워지지 않은 액자는 아직 시작하지 않은 나의 하루와 같다. 수없이 맞닥뜨리는 선택의 순간, 너무나 많은 이해관계가 얽혀 도무지 답이 보이지 않을 때. 나는 이 빈 액자를 본다. 과연 지금 고민하고 있는 사안들이 이 액자에 기록하여 남기고 싶을 만큼 내 인생에 중요한 것인가. 만약 담지 않을 거라면 나의 선택은 비교적 명확해진다. 나의 하루에서도 기억하지 않을 것 같다면 지금 나의 고민은 '과하게 불필요한' 일일지도 모른다.

그림을 둘러싸고 있는 액자나 나의 소중한 순간의 사진을 추억하게 하는 액자나 그 안에 담기는 것을 위해 존재한다.

수백 번 찾아오는 선택의 순간. 나를 위한 결정의 명확함을 더하기 위해 비어 있는 액자 하나쯤은 필요할지 모른다.

# COIN NECKLACE
목걸이

"진짜 동전이에요?"

가느다란 체인에 손때 묻은 동전이 걸린 목걸이가 마음에 들었다. 진주처럼 알알이 눈에 확 띄지 않고, 그렇다고 존재감이 없지 않는 코인 목걸이.

"아, 이건 진짜 동전은 아니고 동전 디자인으로 나온 목걸이에요. 이 제품을 하실 때는 가슴 밑까지 내려오는 긴 목걸이나 또는 체인 굵기가 다른 목걸이들과 레이어링하시면 정말 잘 어울려요."

점원은 내가 고른 코인 목걸이를 설명하면서 함께 구매하면 좋을 서너 개의 아이템을 바로 추천한다. 1960년대 제인 버킨부터 뉴프렌치 시크의 대표주자 잔느 다마스까지 프렌치 걸들이 사랑한 코인 목걸이는 요즘도 여전히 큰 인기를 누리고 있다. 과장되지 않지만 은은한 존재감으로 세련됨을 더해주는 아이템이기 때문이다.

그런데 여기에 레이어링을 잘 하기 위해서는 머리가 아파진다.

그냥 몇 개 꺼내 목에 툭툭 걸쳐보라고? 제품들을 선택하는 사이 참 많은 생각을 한다. 나의 선택 장애는 또 시작됐다. 핸드폰을 켜도 TV를 봐도 넘쳐나는 정보에 나는 더 힘들어진다. 나의 선택이 기대 잘못되었으면 어쩌지?

힘들게 모아서 산 비용 생각이 가장 먼저 떠오르고, 썩 예쁘지 않은 제품을 골랐다는 선택에 후회를 할 내 자신이 두려워서, 혹은 자신에게는 다 괜찮을 거라는, 다 잘 할 수 있을 거라는 자신만만함에 오히려 선택의 어려움을 느끼게 된다. 다른 사람이 비슷한 제품을 하고 찍은 사진이나 가게 점원들의 강력한 추천에 절대적으로 의지하는 경우, 오히려 나의 선택이 아닐수록 마음은 한결 편해진다.

쇼핑뿐만 아니라 매일매일 마주하는 선택의 순간들. 아메리카노 또는 카페라테, 짜장면 또는 짬뽕부터 시작하여 모처럼의 여행 코스, 직장의 이동, 결혼의 모든 진행 과정 등은 점점 나를 다양한 선택의 순간 앞에 난감하게 만든다.

내가 한 선택에 대해서 책임지고 싶지 않기 때문에. 살면서
겪는 경험들이 쌓여 나의 현재와 미래에 큰 영향을 준다는 것을
이미 알고 있기에 나 혼자서 하는 선택은 두렵다. 선택에 대한
책임 또한 무겁거나 혹은 귀찮거나.

선택의 자유야말로
우리의 자존감을 높여주는
매우 중요한 본능이다.
어떤 것들이 겹치더라도
길이도, 두께도, 재료도 다른 목걸이들이
한데 어우러져 하나의 스타일링을 완성하듯
내가 스스로 선택할 기회를 박탈하지 않을 것.

# ALARM CLOCK
알람시계

아침 6시 30분. 침대 옆 서랍장에 올려둔 알람시계가 오늘도 울린다. 아이들이 깰까 봐 뒤척임 없이 몸을 일으켜 세운다. 언제나 잠이 충분치가 않다.

올해 여름 도쿄 다이칸야마의 작은 매장에서 이 알람시계를 처음 봤을 때 참 예쁘다고 생각했다. 하지만 지금은 잠결에 파손시키지 않은 게 다행이다. 원래는 핸드폰 알람을 사용했지만 누군가의 전화벨 소리가 아침잠을 깨우는 핸드폰 알람 같아 매우 갑자기 긴장하게 만들어 놀랐던 경험을 하고 난 뒤 후로는 아날로그시계를 사용하고 있다. 적어도 아침 이후에는 잘 들을 수 없는 아날로그 알람 소리.

알람시계를 보통 사람들도 부담 없이 사용하게 된 것은 1920년 이후부터다. BBC에 의하면 알람시계가 없었던 시절에는 노커-업KNOCKER-UP이라 불리는 사람들이 매일 아침 돈을 받고 긴 막대로 창을 두드려 사람들을 깨웠다고 한다. 이들의 주요 고객들은 아침 일찍 일을 나서는 노동자들. 그때나 지금이나 일터로 향하기 위해 우리는 충분한 잠을 자본 지가 너무나 오래되었다. 일찍 자고 일찍 일어나고 싶지만 늦게 자고 일찍 일어나야 하는 사람들에게 숙면은 실천 불가능할 뿐이다.

지구상의 모든 생물은 체내 시계BODY CLOCK를 가지고 있다고 한다. 우리 모두에게는 아침형 인간이나 올빼미형 인간으로 단순하게 나눌 수 없는 각자 다른 체내 시계가 있다. 하지만 산업의 발전은 혼란을 야기했다. 철도와 비행기 등 이동수단의 발전은 시차증을 가져왔고, 꺼지지 않는 도시의 빛 공해는 해가 뜨고 짐에 반응하는 우리의 몸을 혼란스럽게 했다. 생산성과 효율성이 우선시되면서 각자의 체내 시계보다는 획일화된 시간 흐름에 나를 끼워맞추게 된 것이다.

하지만 적어도 자신이 어느 시간대에 정신이 깨어 있고 집중력이 발휘되는지, 스스로에게 예민해져 볼 일이다. 나의 최근 체내 시계의 흐름을 기록해 가끔은 휴식의 효율성을 높여보자.

# BOOK

책

몇 해 전, 서재의 사진을 찍어달라는 요청이 있었다. 어떤 책
들이 꽂혀 있는지, 추천 도서와 함께 온 부탁이었다. 난처했다.
나의 책들은 정리되어 있지 않다. 동시에 다른 장르의 두세 권의
책을 동시에 읽기에 집안 곳곳에는 현재 진행 중인 책들이 여기
저기 흩어져 있었고, 다 읽지 않은 책들은 침대 옆 선반이나 화
장대, 소파 위 등 쌓여 있었다. 나에게 정리 정돈 되지 않은 책들
은 언제 어디서든 손을 뻗으면 펼칠 수 있다는 점에서 내게 큰
위안이었다. 다섯 권의 책, 다섯 편의 영화, 최근에 만난 다섯 명
의 사람이 현재의 나를 보여준다는 말처럼 내가 무심코 집어든
책들은 제목부터 지금 나의 상태를 알려주었다.

책은 당신에게 어떤 의미인가?

소설가 김영하는 말한다. 책은 우리가 낯선 것을 가장 안전하
게 만나는 방법이라고. 건축가 승효상은 책을 읽어야 한다는 고
민을 늘 가지고 있는 우리에게 책에 대한 스트레스는 절대 사람
을 약하게 만들지 않고, 선하게 만들고, 강하게 만드는 도구라

치켜세웠다.

나에게 책이란 내가 연락하지 않아도 나의 상태와는 상관없이 일방적인 사랑을 퍼주는, 마치 내가 언제가 돌아올 것을 알았다는 것처럼 나를 기다려주는 오랜 친구이자 스승 같다. 누구에게나 아무 조건 없이 응원해주고 사랑을 주는 이가 있다는 것은 상상하지 못할 큰 힘이 된다. 나에게 책은 이런 존재이다.

깊이 있는 위로를 받고 길이 보이지 않는 순간에 시간이 조금 더 걸려도 괜찮다고 토닥여주며, '오늘 괜찮았나요?' 문장 하나로 그 다음을 살아낼 이유를 찾는다.


내 삶의 환기를 결정해주는 신기한 물건.
책을 다시 가까이 하고 싶다면,
내가 좋아했던 책들의 리스트업을 다시 해볼 것.
두께가 부담스럽지 않은 책부터 시작할 것.

# EPILOGUE

사회에 나와 많은 사람들을 만났다. 대부분 재능 있고 감각 있는 동료와 밝고 순수한 후배들은 어디에 내놔도 기죽지 않을 만큼 뛰어나고 아름다웠다. 하지만 그녀들 대부분은 일 때문에 힘들어했고, 사랑하기에 두려워했으며, 스스로에 대한 자신감도 갖지 못했다. 나 또한 그들과 다르지 않았다.

인생은
언제나 평안할 수도, 파티처럼 즐거울 수도 없다는 것.
외로울 수도 있고, 슬플 수도 있다는 것.
가끔이지만 주기적으로 찾아오는 설렘과 기대에
주체할 수 없이 행복할 수도, 기쁠 수도 있다는 것.
엄마도 그랬고, 할머니도 그랬고, 너도 그럴 거라는 것.

우리는 각자의 하얀 캔버스에 매 순간 느끼는 감정의 색들을 다르게 칠해가며 나만의 그림을 그리고 있다. 언제 그림이 마무

리될지 모르지만 인생이 던지는 질문에 최선의 답을 하고자 노력하고 또 노력한다.

물론 실패할 수도 있다. 하지만 내 손에 쥐어진 붓들의 움직임은 의외의 결과를 낼 수도 있다. 덧바르는 물감들이 만들어낸 생각지도 못한 입체감과 오묘한 색 배합이 기대 이상으로 마음에 들기도 할 것이다.

그 과정에 우리는 인생이 던지는 크고 작은 질문을 마주하고 살아간다. 늘 정답만 있는 건 아니다. 어쩌면 오답이 더 많을지도 모른다. 하지만 이러한 수많은 시행착오는 엄마도 나도 그리고 내 딸도 겪었고 겪고 있으며 겪을 일이다.

하지만, 나는 우리의 멋진 요즘 여자들이 주저앉지 않았으면 한다. 이왕이면 유행에 뒤쳐지지 않는 스니커즈를 신고 달려야 할 때, 달렸으면 한다.

우리는 요즘 여자니까.

# 요즘 여자
여자의 물건이 의미하는 것들에 관해

2019년 1월 25일 초판 1쇄 발행

지은이 • 도현영
펴낸이 • 이동은

편집 • 유혜현

펴낸곳 • 버튼북스
출판등록 • 2015년 5월 28일(제2015-000040호)

주소 • 서울 서초구 방배중앙로25길 37
전화 • 02-6052-2144 팩스 • 02-6082-2144